·产业转型与升级系列·

制造业服务化与产业结构升级

夏 秋 / 著

企业管理出版社
ENTERPRISE MANAGEMENT PUBLISHING HOUSE

图书在版编目（CIP）数据

制造业服务化与产业结构升级 / 夏秋著. —北京：企业管理出版社，2022.7
ISBN 978-7-5164-2522-0

Ⅰ. ①制…　Ⅱ. ①夏…　Ⅲ. ①制造工业－服务经济－影响－产业结构升级－研究－中国　Ⅳ. ① F426.4

中国版本图书馆 CIP 数据核字（2021）第 244097 号

书　　名：制造业服务化与产业结构升级
书　　号：ISBN 978-7-5164-2522-0
作　　者：夏　秋
责任编辑：尤　颖　　宋可力
出版发行：企业管理出版社
经　　销：新华书店
地　　址：北京市海淀区紫竹院南路 17 号　　邮　　编：100048
网　　址：http://www.emph.cn　　电子信箱：emph001 @163.com
电　　话：编辑部（010）68701638　　发行部（010）68701816
印　　刷：北京虎彩文化传播有限公司
版　　次：2022 年 7 月第 1 版
印　　次：2022 年 7 月第 1 次印刷
开　　本：710mm × 1000mm　1/16
印　　张：12.75 印张
字　　数：158 千字
定　　价：68.00 元

PREFACE 序

20 世纪 90 年代，信息通信、现代金融、专业科技等现代服务业取得飞速发展，全球服务贸易不断增长，服务经济快速发展，服务生产网络逐步形成。发展服务业，尤其是现代生产性服务业已经成为推动经济发展方式转型的重要手段。与此同时，服务业的融入导致制造业生产模式发生了影响深远的巨大变革，具体表现为：制造业各生产环节中服务要素投入比重加大，服务产出占制造业总产出的比重提高，形成了全球范围内制造业服务化发展的普遍现象。随着制造业服务化的程度不断加深，这种大范围的产业共生融合现象所带来的经济影响已经不仅局限于实施服务化生产模式的制造业企业本身，或者制造业产业之内，而是扩散到一个国家（地区）的宏观经济层面，对产业发展乃至世界经济格局演变都产生了重要影响。

学术界于 20 世纪末开始关注制造业服务化的现象，继而展开探索性分析。但已有研究文献主要关注服务化生产模式下制造商转型、企业创新产品设计、客户关系管理、企业竞争力及企业绩效等方面，而且已有研究多基于具体案例，分析服务化生产模式变革对特定制造业企业某些方面的影响，对服务化现象的宏观经济效应分析显然不足。2008 年国际金融危机后，世界经济步入增速放缓的新常态，通过产业结构优化实现经济提质增效已然成为各国重要的战略部署，以美国、德国为代表的主要工业化国家相继推出旨在振兴制造业的一系列政策措施，全球生产模式正处于重大变革之中。制造业服务化本质上是制造商通过流程设计和能力创新实现制造业与服务业互补性融合、协同发展的产业融合现象，这种以产业互补性融合为特征的生产模式变革极有可能成为各国产业结构转型和经济结构优化的新方向。然而，从制造业生产端服务化变革角度分析产业结构升级的研究还非常缺乏，但在当前供给侧改革的大背景下，这一视角的研究无疑具有重要的理论和现实意义。

鉴于此，本书就制造业服务化生产模式对产业结构升级的影响效应和作用机制进行系统性分析。全书总共分为七章，各章具体的研究内容如下。

第一章是绪论。该部分简要介绍本书的研究背景与研究意义、研究内容和研究方法，以及研究创新点和研究不足之处，并对本书的整体框架进行介绍与说明。

第二章是制造业服务化与产业结构升级相关理论综述。主要围绕两个方面展开：一是对制造业服务化的内涵与分类、动因分析和主要经济影响的梳理与综述。二是对产业结构升级的内涵界定、指标构建和主要影响因素的分析。从产业升级与产业结构升级的关系出发，对产业结构升级的内涵进行准确界定，分析、总结了产业结构合理化、高级化的评估标准，重点梳理了产业结构升级的核心影响因素，分别是高端人力资本、技术能力和市场需求。

第三章是制造业服务化与产业结构升级的现状分析。该部分从四个方面展开：一是分析主要国家制造业服务化的统计性事实，简要总结制造业服务化发展的关键特征。二是通过比较分析和指标测算，准确识别中国省、自治区、直辖市层面制造业服务化的发展特征，并且进行原因分析。三是利用优化的产业结构升级指标，测算和分析了世界主要国家（地区）产业结构合理化、高级化发展的特征事实，以全面呈现这些国家产业结构升级的现状。四是通过国际比较对中国产业结构升级现状进行较为清晰的识别。

第四章是制造业服务化对产业结构升级的影响机制分析。在简要分析制造业服务化生产模式对产业融合、产业集聚和产业竞争力的影响后，通过较为严谨的逻辑推演，分析了制造业服务化生产模式影响产业结构升级的微观机制，分别考察了制造业服务化影响产业结构升级的人力资本积累效应、技术创新效应和服务消费需求效应。

第五章是制造业服务化与产业结构升级——基于跨国面板数据的经验分析。本章将制造业服务化的生产现象引入产业结构升级的相关研究中，构建计量分析模型，利用所得的制造业服务化与产业结构升级的数据，实证考察制造业服务化与产业结构合理化、高级化的关系。实证分析按照以下逻辑展开：一是利用 Hausman 检验结果决定采取固定效应或随机效应模型，考察制造业服务化对产业结构升级的影响方向、显著性和作用强度。通过将解释变量与控制变量滞后一期解决解释变量与残差项可能相关导致的内生性，利用两阶段最小二乘估计法解决反向因果关系导致的模型内生性问题，以降低模型内生性对估计结果可能造成的偏误。二是利用中介效应分析法，重点考察制造业服务化生产模式对产业结构升级的影响机制。三是利用替换指标、分样本估计、剔除离群值、考虑重大事件影响、更换检验模型等多种稳健性检验法，进行稳健性分析，以得到更可靠的实证结论。四是从不同角度进行了扩展性分析，以得到更有现实意义的研究结论。

第六章是制造业服务化与产业结构升级——对中国的经验分析。首先，利用时间序列数据对制造业服务化与中国总体层面产业结构升级的关系进行协整检验，证实服务化与中国产业结构升级之间存在长期、稳定的关系。然后，基于 2002—2016 年 30 个省、自治区、直辖市的平衡面板数据，构建计量分析模型，实证考察制造业服务化对中国产业结构升级的影响。实证分析步骤为：一是考察制造业服务化对中国产业结构升级的影响方向和作用程度，通过将解释变量和控制变量滞后一期或采用两阶段最小二乘估计法解决模型的内生性问题。二是通过使用交互项的方法，考察服务化生产模式对中国产业结构升级的影响机制。三是运用多种稳健性检验方法考察实证结论的可靠性。四是从不同角度进行扩展性研究。

第七章是研究结论、政策建议和对中国的启示。一是对全书的研究进行总结归纳。二是在本书研究结论的基础上提出具有现实意义的政策建议，包括加快现代生产性服务业发展，强化高端人力资本积累，坚持自主创新与技术引进相结合，建立以市场需求为导向的产品供给机制等产业结构升级途径。三是总结了本书研究对中国全面开展服务化转型、实现产业结构升级的启示。

基于本书所建计量分析模型、所使用实证数据和实证分析方法得到的主要结论有：一是制造业服务化对产业结构合理化、高级化均有显著的促进作用，考虑模型内生性、替换关键指标、分样本估计、剔除异常值、替换计量模型后估计结果稳健。二是制造业服务化对产业结构合理化、高级化不仅存在直接效应，还通过促进人力资本积累、激发技术创新、刺激服务化消费需求间接影响产业结构升级。三是通过扩展性分析发现，制造业服务化对产业结构升级的影响存在滞后效应，服务化生产模式的产业结构升级效应能够持续至实施服务化战略之后的 2 ～ 3 年；生产性服务化和生活性服务化对产业结构升级的影响强度存在差异性；不同类型的生产性服务化对产业结构升级的影响强度存在差异性。总的来看，信息通信服务化、专业科技服务化、教育服务化等高端生产性服务化对产业结构升级的影响强度大于运输仓储、金融保险等生产性服务要素引起的服务化。四是通过对中国的时间序列分析发现，制造业服务化与中国整体层面产业结构升级之间存在长期的协整关系；通过对中国 30 个省、自治区、直辖市的面板数据分析发现，服务化对中国的产业结构升级具有推动作用，且服务化生产模式对较不发达的中西部地区三次产业之间结构布局合理化发展的作用和效果比较明显，对主导产业由工业向服务业转变的产业形态高级化发展的作用和效果相对有限，而对产业布局结构本身较为合理优化的东部地区，服务化生产模式对产业形态高级化发展的作用和效果更加显著。此外，生活性服务化对地区产业结构高级化具有积极影响，但对地区产业结构合理化的影响不显著，生产性服务化对中国产业结构合理化、高级化皆有显著的推动作用；不同类型的生产性服务业融入对地区产业结构升级的影响方向与作用强度也各不相同。

CONTENTS 目　录

CHAPTER 1 第一章

绪 论

本章简要介绍本书的研究背景，说明本书的研究意义、研究内容和主要研究方法，以及研究创新点和研究不足之处，从而对本书的整体框架进行介绍与说明。

第一节　研究背景与研究意义

一、研究背景

随着工业经济进入高速发展阶段，信息技术和现代管理技术取得了令人惊叹的成果，服务型经济在此基础上兴起。同时，价值链分工深化促使服务业从传统制造业中剥离出来，依靠模块化、专业化与外包化生产取得了显著的规模经济效应与生产率增长。服务经济的兴起与繁荣促使当前全球化进程从“实物贸易全球化”转向“非物质贸易全球化”，以服务为主导的全球价值链正逐步形成。2008 年国际金融危机过后，世界经济虽有过短暂反弹，但整体上仍处于深度调整期，且短期内难以摆脱低速增长的状态，全球商品经济增速持续疲弱，进一步促使“服务经济”成为拉动全球经济增长的新方向，而主要工业化国家服务业的发展现状和势头也证实了服务业和服务经济有潜力成为支撑全球经济平稳增长的新力量。

近年来，西方发达国家和众多发展中国家的服务业飞速发展，无论从就业吸纳能力还是增值能力来看，服务业当之无愧成为世界主要国家国民经济的重心。这些国家的服务业就业比重呈现迅猛上升趋势，而劳动力向服务部门大量转移是工业化经济向服务型经济转型的主要特征之一。图 1-1 是 GDP 排名前十国家的服务业就业人口占总就业人口的份额。美国、英国、加拿大、法国等发达国家的服务业就业人口份额一路上涨。截至 2017 年，以上国家服务部门吸纳了超过 75% 的就业人口，美、英两国更是超过 80%，且已经进入稳定期。德国、日本、意大利等国的服务业就业人口份额接近 70%。从变化趋势上看，这些国家仍有提升空间。相比之下，巴西、中国和印度等国家的服务业就业人口份额相对较低，2017 年中国的服务业就业人口份额依旧不足 50%，印度仅为 31.20%。但是这些发展中国家的服务业就业人口份额上涨幅度最大，尤其是 2000 年以后中国和印度的服务业就业人口份额分别提高了 1.59 倍和 1.30 倍，且具有大幅上升的巨大潜力。另外，尽管国际金融危机期间各国普遍遭遇失业率急剧上升的困境，但服务业就业人口份额在此期间维持了继续上涨的趋势。

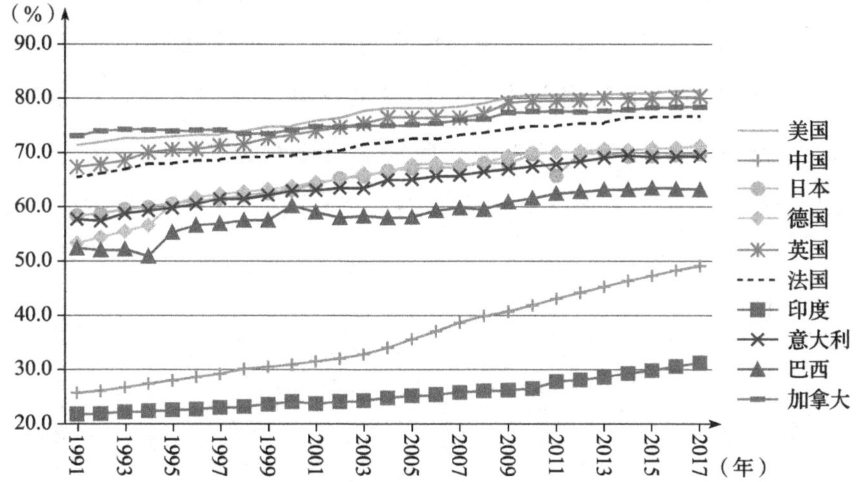

资料来源：笔者根据世界银行 WDI 数据库整理。

图 1-1　GDP 排名前十国家的服务业就业人口占总就业人口的份额

除了服务业就业人口份额不断上涨，服务业的价值增值能力也保持了持续上升趋势。从图 1-2 GDP 排名前十国家的服务业增加值占总增加值的份额可以发现，当前发达国家服务业增值份额普遍超过了 65%。2015 年美国、法国和英国的服务业增值份额分别高达 75.65%、74.32% 和 73.99%，具有典型的后工业化时期经济结构从商品生产经济转向服务经济且第三产业得到充分发展的特征。2015 年中国、印度等发展中国家的服务业增加值占总增加值的份额超过了 50%，具备了第三产业增加值比重最大、第二产业次之、第一产业最小的工业化进程中后期的典型产业格局。同样作为新兴经济体的巴西，服务业增加值份额与日本、德国、意大利较为接近，2015 年达到了 72.68% 的较高水平。从变化趋势上看，主要国家的服务业增加值占总增加值的份额普遍呈现上升趋势。作为第一大发展中经济体，中国服务业增加值占总增加值的份额由 2000 年的 39.79% 快速扩张至 2015 年的 50.24%。第二大发展中经济体印度服务业增加值占总增加值的份额经历了与中国高度相似的变化趋势，由 2000 年的 45.08% 一路高涨至 2015 年的 52.93%。不同于中国、印度及巴西等新兴经济体增加值占总增加值的份额大幅上升的趋势，近几年主要发达国家基本进入稳定期，服务业增加值占总增加值的份额只有较细微的波动，与这些国家服务业就业人口份额的变化高度一致。值得注意的是，2008—2009 年国际金融危机期间，服务业增加值份额不降反升，在制造业遭遇重挫的情况下，服务业呈现蓬勃的发展态势，如图 1-2 所示。

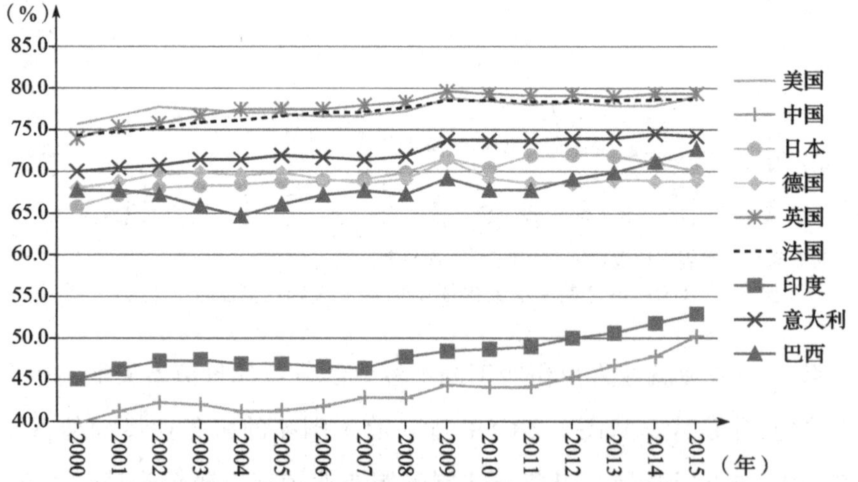

资料来源：笔者根据世界银行 WDI 数据库整理。加拿大因数据缺失较多，未呈现在图 1-2 中。

图 1-2　GDP 排名前十国家的服务业增加值占总增加值的份额

与此同时，服务贸易也呈现繁荣发展态势。21 世纪之初，各国服务贸易额占 GDP 的比重非常低。2000 年巴西、日本、美国服务贸易份额皆不足5%，即使服务贸易占GDP比重最高的英国、法国也不足15%。但是，近几年在全球经济形势较为严峻的态势下，多数国家服务贸易出现了逆势增长。2016年英国服务贸易占GDP之比超过20%，法国和德国分别达到了19.10%和16.85%，印度、意大利和加拿大也超过了11%。从变化趋势上可以明显看出，多数国家的服务贸易比重出现了一定程度的增幅，全球贸易结构持续向好。与这些国家不同的是，中国服务贸易与GDP之比出现了较大幅度的下降，由2000年的9.49%降至2016年的5.90%。尽管服务经济距离"走出去"并成为推进全球贸易发展的强大动力似乎还有很长的路要走，但服务经济的快速发展及其强大的增值能力与就业吸纳能力将持续不断为产业创新与经济变革提供动力。图1-3呈现了2016年GDP排名前十国家的服务贸易占国民生产总值的比重。

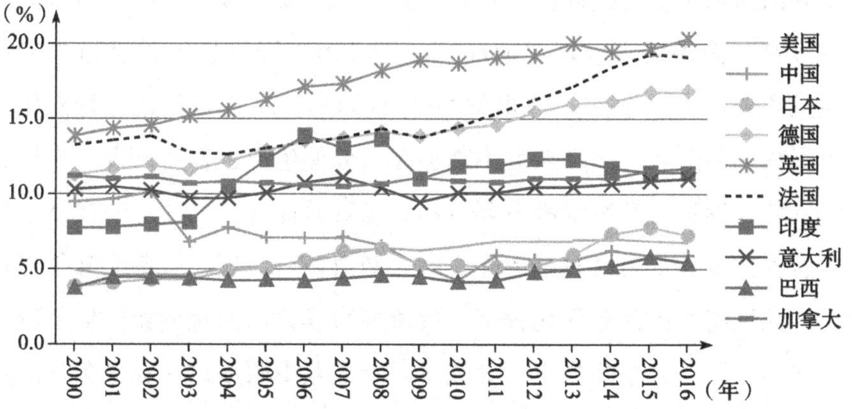

资料来源：笔者根据世界银行WDI数据库整理。

图1-3　2016年GDP排名前十国家的服务贸易占国民生产总值的比重

价值链分工深化条件下，制造业将非生产性活动外包给专业服务型公司，促进服务业实现专业化模块式发展，服务业比重开始上升。在制造业生产模式转型背景下，制造业与服务业在产业关联上形成互动，市场对生产性服务需求的持续增加，进一步拉动服务经济发展。服务经济快速发展，尤其是服务业在增值能力与就业吸纳能力上的突出表现不仅促使服务业成为衡量产业结构合理化、区域经济繁荣程度的重要因素之一，且越发深刻地改变着各国的产业和技术发展模式。服务业繁荣发展对制造业发展模式造成的最重要影响之一便是促进了“制造业服务化”转型和发展。早在20世纪60年代垂直专业化分工兴起之时，发达国家大型制造商为强化竞争优势开始了小范围的服务化变革。彼时新兴经济体利用垂直专业化分工契机实现迅速崛起时，发达国家逐步在传统制造领域失去竞争优势。于是，发达国家采取了“归核化”产业调整策略，将不再具备竞争优势的生产环节转移出去，只保留核心环节，从而实现了产品不同生产环节或工序在空间上的分离。研发、设计、品控、组织、营销、售后等服务性生产环节从制造业中剥离出来，通过模块化和专业化生产形成现代服务业，同时获得了规模效益和生产率提升，增值能力也大幅提升。发达国家大型制造商迅速察觉到服务化转型是制造业重获竞争优势的重要出路之一。这类高度专业化和外包化的现代服务业因具备智力要素密集度高、附加值高、资源消耗少、环境污染轻等特点并迅速成为制造业至关重要的中间投入。20世纪90年代以后，生产自动化与智能化程度一再提高，制造业技术复杂度不断加深，促使生产过程对研发、设计、交付、安装、维护、升级等服务环节的需求日益提升，制造环节在整个价值链中所占比重和重要性日趋下降。融入制造业后，现代服务业又凭借在其提升产品性能、产品差异化程度、增值能力等方面的重要作用促使制造业进一步加大服务的中间投入，导致各国制造业中服务投入和服务产出的比重不断提高，逐渐引发全球范围内“制造业服务化”调整与变革现象。尤其近年来，随着信息技术的推广应用，大数据、工业互联网、云计算、物联网等新兴产业加速发展，服务业与制造业日益融合，制造业服务化生产模式成为全球制造业的重要发展趋势之一。

二、问题提出

早在20世纪60年代许多发达国家制造业便呈现出服务化变革特征，

在服务业和服务型经济快速发展的背景下，服务生产网络兴起，大量发展中国家也相继出现制造业服务化水平大幅提升的现象。随着越来越多的制造业企业实施服务化发展战略，制造业服务化的程度不断提高和制造业服务化范围不断扩大，那么，这种以制造业与服务业相互融合、协同发展的产业现象究竟对各国经济产生了怎样的影响？对这一问题的研究有助于评判制造业服务化生产模式的"得"与"失"，为制造业企业微观战略调整及一个国家的宏观政策制定提供现实依据。而当前围绕制造业服务化现象的研究多集中于制造商如何实现生产转型、企业创新产品设计、客户关系管理、服务化生产模式对企业竞争力、企业绩效和利润的影响等方面。作为制造业服务化的探索性分析，以上研究多基于具体案例，分析该生产方式和组织模式变革对特定制造业企业某些方面的影响，而对制造业服务化的宏观经济效应分析显然存在不足。

尽管如此，各国政府在宏观经济政策制定方面对加快生产性服务业发展、推动制造业和服务业融合多有强调。通过政策支持和机制设计促进制造业服务化发展已经成为许多国家的重要政策规划内容。例如，中国"十二五"规划中提出"深化专业化分工，加快服务产品和服务模式创新，促进生产性服务业与先进制造业融合，推动生产性服务业加速发展"，上述表达中"促进生产性服务业与先进制造业融合"便属于制造业服务化的范畴。中国"十三五"规划中进一步强调"开展加快发展现代服务业行动，扩大服务业对外开放，优化服务业发展环境，推动生产性服务业向专业化和价值链高端延伸、生活性服务业向精细和高品质转变"，强调了发展现代服务业的重要性。在此之前，发达国家早已推出旨在促进制造业向服务价值链延伸的一系列法案与政策。例如，美国于1999年通过的《金融服务现代化法》等法律法规，目的在于规范现代服务业发展；后来，美国又出台了国家制造业创新网络计划、先进制造业伙伴计划，旨在促进制造业向着体现消费者个性化需求的服务化方向发展。日本于2009年通过长期信息技术发展战略，试图应用数字化技术强化现有产业竞争力且培育新兴产业。德国提出工业 4.0 战略，试图建立信息物理系统以实现智能化生产，加快制造业服务化转型。芬兰将“服务业与服务创新”作为政府政策制定的重点，旨在利用服务业构建新型竞争力，通过部署创新制造、创新服务、创新运营模式引导和支持制造业服务化发展。以上宏观政策和战略体现了各国通过大力发展现代服务业、信息技术等新兴产业，试图抢占新一轮产业发展制高点，以此打造新形势下制造业竞争的新优势。

高质量生产性服务业的嵌入能够降低制造业生产成本，且通过产业关联互动效应提高制造业生产率，而制造业服务化转型不仅是制造业在商业模式上的创新，更是制造业在生产模式上的重大革新，有助于重塑竞争优势，实现价值链重构。尽管推动生产性服务业发展，加快生产性服务业与制造业融合，促进制造业服务化发展具有重要的政策意义，但是关于制造业服务化对宏观经济影响的研究还比较缺乏。新一轮产业变革与科技革命开始孕育，产业发展面临前所未有的挑战，“稳增长”和“调结构”成为主要国家尤其是新兴国家经济发展最重要的两大议题。相比之下，工业深化发展造成的社会需求结构、产业发展模式、经济增长方式和资源配置模式等多方面的变化导致各国更加重视经济结构调整和优化升级。事实上，当今世界正处于一个以结构调整、技术创新为特征的产业发展浪潮，从简单到复杂再到精细化的需求结构变革，以传统产业为主到新兴产业与传统产业相结合的产业模式变更，从粗放式增长向集约式可持续性增长的经济模式转变，以及价值链分工条件下全球资源配置模式的改变，无一例外对经济结构和产业优化提出了更高要求。无论是美国、德国等发达经济体推出“再工业化战略”等致力于促进高端制造业回流、完善创新体系、提升工业竞争力的计划，还是东亚等劳动力资源丰裕型国家凭借成本优势抢占劳动密集型产业国际市场的举措，亦或是中东、拉美、非洲等能源原材料生产国在新能源技术快速发展的压力下着力于延伸产业链、提升附加值的努力，无不体现了世界主要经济体力求通过新一轮产业升级换代浪潮提升全球分工位势，增强经济增长动力的紧迫要求。此时，若一个国家不积极寻求产业结构改革升级，而是长期徘徊于产业链的中低端，其结果必定是被边缘化，最终失去全球竞争话语权而惨遭淘汰出局的命运。

然而，产业结构升级作为各国经济提质增效的政策重点，不仅内涵丰富且具备周期长、过程曲折、经济影响深远巨大等特征，更有可能在升级过程中出现“断档”风险，在其他国家冲击下失去原有优势产业而又未能迅速形成新型优势产业，从而导致产业结构升级中断并引发经济衰退。那么，利用当前服务经济繁荣发展、服务生产网络逐步形成的契机，推进服务业与制造业互补性融合，促进制造业服务化生产模式变革能否成为推动产业结构升级的重要方向？服务化作为一种新型制造业生产模式，影响产业结构升级的具体机制或路径又有哪些？为回答以上问题，本书在系统性理论分析的基础上，结合世界投入产出数据库（WIOD）和中国地区投入产出表，全面细致地考察制造业服务化与产业结构升级之间的关系，以此揭示制造业服务化对产业结构升级的影响。具体而言，本书主要研究以下几个问题。

（1）系统地回顾和梳理制造业服务化相关文献和理论成果，理清制造业服务化的内涵，明确服务化模式的主要特征，认为制造业服务化推进过程既是制造业实现高端化、复杂化、多利化发展的过程，也是制造与服务互补性融合、实现“产业软化”的过程。随着制造业服务化范围的不断扩大与制造业服务化程度的日益提高，这种以产业互补性融合为特征的生产模式变革，极有可能对产业结构升级换代和经济结构优化发展产生重要影响。在此基础上，深入分析服务化生产模式对产业结构升级的影响机制，既为后续研究提供经验借鉴，也是对制造业服务化相关研究的一点补充。

（2）基于三次产业之间结构优化视角，对主要国家产业结构升级的现状和关键特征进行分析，总结经济发展各阶段产业结构升级的不同特征。利用优化的产业结构合理化、产业结构高级化指标测算并分析主要国家的产业结构升级特征和现象，期待对主要国家产业结构发展现状取得全面认识和把握，且通过比较国际对中国产业结构发展现状进行清晰的识别和定位。

（3）构建计量模型，利用世界主要国家的跨国面板数据，就制造业服务化与产业结构合理化、高级化之间的关系进行深入实证检验，量化制造业服务化对产业结构升级的影响。同时，利用中介效应检验等方法对影响机制进行有效验证。进一步构建计量模型，利用时间序列数据与协整分析法，就制造业服务化与中国整体层面产业结构升级之间的长期关系进行分析。利用中国省、自治区、直辖市层面面板数据，就制造业服务化对中国产业结构升级的影响程度和作用机制进行实证考察。

（4）基于理论分析和实证研究结论，本书针对如何利用制造业服务化变革契机实现产业结构升级提出了相关政策建议，尤其对与中国处于制造业服务化发展相似阶段的国家产业发展政策制定提供了理论和经验依据。

三、研究意义

制造业服务化已经成为一种全球趋势。然而，以往针对制造业服务化的研究多集中于服务化生产模式下制造业企业的战略选择、创新产品设计、转型路径面临的挑战等方面，针对服务化经济效应的研究文献相对较少。部分文献探讨了制造业服务化对特定制造业某些方面的影响，针对服务化生产模式对宏观经济影响的研究还非常缺乏。随着服务化程度不断提高和服务化范围不断扩大，其经济影响可能会突破实施服务化变革的制造业企业本身或制造业产业范围，进而对宏观经济结构产生影响。与此同时，“调结构”已经成为世界主要国家实现经济提质增效的重要政策议题和宏观规划内容。而制造业服务化本质上是一种制造业与服务业相互融合、协同发展的产业融合现象，这种融合造成了“制造业软化”①。在此背景下，本书从制造业要素投入结构服务化转变视角，探讨制造业服务化对产业结构升级的影响，系统性分析服务化模式作用于产业结构升级的路径，试图从当前制造业领域最重要的生产方式变革中寻找一种促进产业结构升级的新思路。因此，本书研究具有以下几点重要意义。

（1）理论意义在于：①虽然目前在产业结构升级领域已有较多的研究，且制造业服务化现象近年来也获得了学界一定的关注，然而关于制造业生产端服务化变革现象对产业结构升级影响的研究还比较缺乏。本书从制造业服务化的理论内涵出发，以制造业要素投入结构服务化转变为视角，分析制造与服务融合的新型生产模式对宏观产业结构升级的影响。这是对以往主流产业结构升级理论文献的拓展。②在总结基于结构优化视角的产业结构升级内涵基础上，从产业结构合理化、高级化角度分析产业结构升级的内涵，且优化产业结构升级核算指标。通过现状分析与国际比较，对世界主要国家产业结构升级情况进行详细分析，重点分析中国产业结构升级的特征。③在制造业服务化理论框架内，从人力资本积累效应、技术创新效应、服务消费需求效应等角度分析服务化对产业结构升级的影响路径。本书通过影响机制的探讨，揭示制造业服务化生产模式影响产业结构升级的深层原因，为各国产业结构发展现状提供新的解释。

（2）现实意义在于：①在信息化和大数据高度发展的21世纪，市场竞争日益加剧，促使构建可持续竞争优势变得愈发重要，传统生产模式的服务化变革成为制造业保持产品差异性、稳定客户群、应对环境管制及获得持续竞争力的重要选择。然而，当制造业服务化已经发展成为

---

① “制造业软化”指制造业对信息、服务、技术和知识等（软要素）的依赖程度加深，内部与服务有关的业务比重和价值含量增大。

一种全球现象时，深度分析其对产业结构升级的作用，从宏观上能够为一个国家制定产业优化政策提供有益参考，有助于各国分析和总结过去服务化模式建设中的优点与不足，为今后宏观规划、政策制定和战略调整提供依据，对后发国家和企业把握契机获得更好的发展具有参考意义。②本书摒弃以往研究中采用特定企业为研究对象的案例分析法，采用标准实证分析技术，结合全球和中国的投入产出数据进行实证研究，以此获得更具现实意义的研究结论。③在跨国分析基础上，进一步以中国为研究对象，对中国整体和30个省、自治区、直辖市的服务化发展现状与产业结构升级现状进行准确判定，且结合中国各地面板数据进行计量分析，因而既能把握主要国家的宏观差异，又能对中国各地差异进行控制和识别。从国际分析与比较出发，最终落脚于中国，为中国借鉴发达国家相关经验解决服务化进程中存在的问题，提供了更加具体和更加具有操作性的依据。

第二节　研究内容与研究方法

一、研究内容

2008年国际金融危机以后，为寻找新的经济增长点，经济结构调整成为主要国家宏观调控的重点。在此背景下，本书结合全球范围内制造业和服务业的融合发展，形成服务化生产模式的现实，就制造业服务化与产业结构升级的关系进行系统性分析，探讨服务化生产模式影响产业结构升级的微观机制，并结合跨国数据、中国整体与省际数据对二者的关系进行实证检验。具体而言，本书首先对制造业服务化、产业结构升级理论进行梳理和回顾，优化产业结构升级指标，探讨制造业服务化影响产业结构升级的主要路径。其次，对世界主要国家的制造业服务化、产业结构升级现状和特征进行简要分析。再次，利用跨国面板数据，就制造业服务化对产业结构升级的影响和作用路径进行经验分析；利用时间序列数据，以及中国省、自治区、直辖市的面板数据，就制造业服务化与中国产业结构升级的关系进行经验分析。最后，总结本书研究结论、政策建议和对中国的启示。根据以上思路，本书共分为七章，各章节主要研究内容和逻辑联系如下。

第一章是绪论。简要介绍本书研究背景与研究意义，梳理研究思路和主要研究方法，总结文章创新点与不足之处。

第二章是制造业服务化与产业结构升级相关理论综述，主要围绕两方面展开。一是制造业服务化的内涵、动因、经济影响研究的梳理和总结。二是产业结构升级的内涵界定、产业结构合理化与高级化的评估标准、产业结构升级的主要影响因素分析，具体包括：①重新梳理基于结构优化视角的产业结构升级内涵，尽管产业结构升级研究不是新内容，但由于其内涵较为丰富，学界对其内涵的界定尚未达成一致，而且对其进行较为清晰和全面的界定是后续研究的基础。因此，在对文献进行梳理和分析的基础上，本书从三次产业之间的结构合理化、结构高级化视角重新界定产业结构升级的内涵。其中，产业结构合理化强调三次产业中占主导地位的产业从由低形态向高形态攀升，优势产业比重逐步提高，产业整体结构的合理优化；产业结构高级化强调产业层次和结构由低附加值工业产业向高附加值服务产业的动态转变，即产业结构向着更高层次的价值梯度移动的过程。②在已有研究基础上，总结产业结构合理化、高级化的评估标准。③分析产业结构升级的影响因素，重点梳理了高端人力资本、技术能力、市场需求对产业结构升级的影响。

第三章是制造业服务化与产业结构升级的现状分析。首先，通过对主要国家制造业总体、制造业分行业的服务化发展特征进行统计性分析，总结各国制造业服务化发展的关键特征，并且在此基础上，重点分析中国制造业服务化的发展现状。接着，从结构优化视角，优化现有产业结构合理化、高级化度量指标，通过对主要国家产业结构合理化、高级化的统计性事实进行梳理和分析，更加全面地呈现主要国家产业结构升级的现状和未来动向。在此基础上，通过国际比较对中国产业结构升级现状进行较为清晰的识别和定位。

第四章是制造业服务化对产业结构升级的影响机制分析。本章从三个方面探讨了服务化生产模式影响产业结构升级的路径，分别是：人力资本积累效应、技术创新效应和消费需求效应。一方面，在服务化生产模式下，生产性服务投入作为高级要素载体，引导要素投入结构优化，促进人力资本积累。同时，高级要素中与技术概念形成、理念设计、产品体验、客户需求相关的隐形知识和技能是技术创新的基础，因而服务化生产模式有助于技术创新。服务化生产模式通过人力资本积累效应和技术创新效应推动产业结构升级。另一方面，服务化通过强化客户关联、提升产品性能、满足差异化需求等途径促进消费需求服务化转变，通过服务消费需求效应促进服务业发展，实现产业结构优化。

第五章是制造业服务化与产业结构升级——基于跨国面板数据的经验分析。在已有产业结构升级相关研究基础上，加入制造业服务化变量，构建计量分析模型，以考察制造业服务化生产模式对产业结构升级的影响。并且，利用测算所得制造业服务化和产业结构升级数据，实证考察制造业服务化对产业结构合理化、高级化的影响。本章的主要内容有：第一，对模型中的变量和数据来源进行说明。第二，根据 Hausman 检验结果决定采取固定效应或随机效应模型进行回归分析，且利用滞后一期和工具变量法对模型内生性问题进行控制。第三，利用中介效应分析法考察服务化影响产业结构升级的渠道，以便更清晰地解释服务化与产业结构升级因果关系之间的内在机制。第四，运用多种稳健性检验方法评估估计结果的可靠性，且通过扩展性研究得到更有现实意义的实证结论。

本章主要结论有：①制造业服务化对产业结构合理化、高级化均有显著的促进作用，考虑模型内生性、替换关键指标、分样本估计、剔除异常值、更换计量模型后估计结果稳健。②制造业服务化通过促进人力资本积累、激发技术创新能力、刺激服务化消费需求等途径间接影响产业结构升级。③制造业服务化生产模型对产业结构升级的影响具有滞后效应，其作用可以持续到服务化模式实施后的 2 ～ 3 年。由于服务投入异质性，不同类型服务化对产业结构升级的影响存在一定的差异，生活性服务要素引起的服务化对产业结构升级的影响略大于生产性服务要素，信息通信、专业科技、教育等高端服务投入引起的服务化对产业结构升级的作用大于运输仓储、金融等较低端服务投入引起的服务化。

第六章是制造业服务化与产业结构升级——对中国的经验分析。本章利用时间序列数据和 30 个省、自治区、直辖市的面板数据，从总体和地区两个层面对服务化生产模式与中国产业结构升级的关系进行实证分析。一是基于时间序列数据，利用协整分析方法，实证分析了制造业服务化与中国产业结构升级之间的长期关系。二是基于省、自治区、直辖市的面板数据，对制造业服务化与中国地区产业结构升级的关系进行实证考察，利用多种稳健性检验方法对基准估计结论的可靠性进行分析，且从不同角度进行扩展性研究以深化本书研究内容。本章的主要结论有：①制造业服务化与中国整体产业结构升级之间存在长期协整关系。②制造业服务化对中国地区层面产业结构合理化、高级化发展有积极影响。③生产性服务化对地区产业结构合理化、高级化皆有促进作用，但生活性服务化对地区产业结构合理化的影响不显著；信息服务投入对地区产业结构升级存在较强推动作用，运输仓储和金融服务投入有助于地区产业结构合理化，但对产业结构高级化的影响不显著，商务服务投入不利于地区产业结构升级。

第七章是研究结论、政策建议和对中国的启示。首先，总结归纳全书的主要研究结论。其次，基于本书研究结论提出相应的政策建议。最后，在全书研究结论基础上得到对中国具有现实意义的研究启示。本书研究框架如图 1-4 所示。

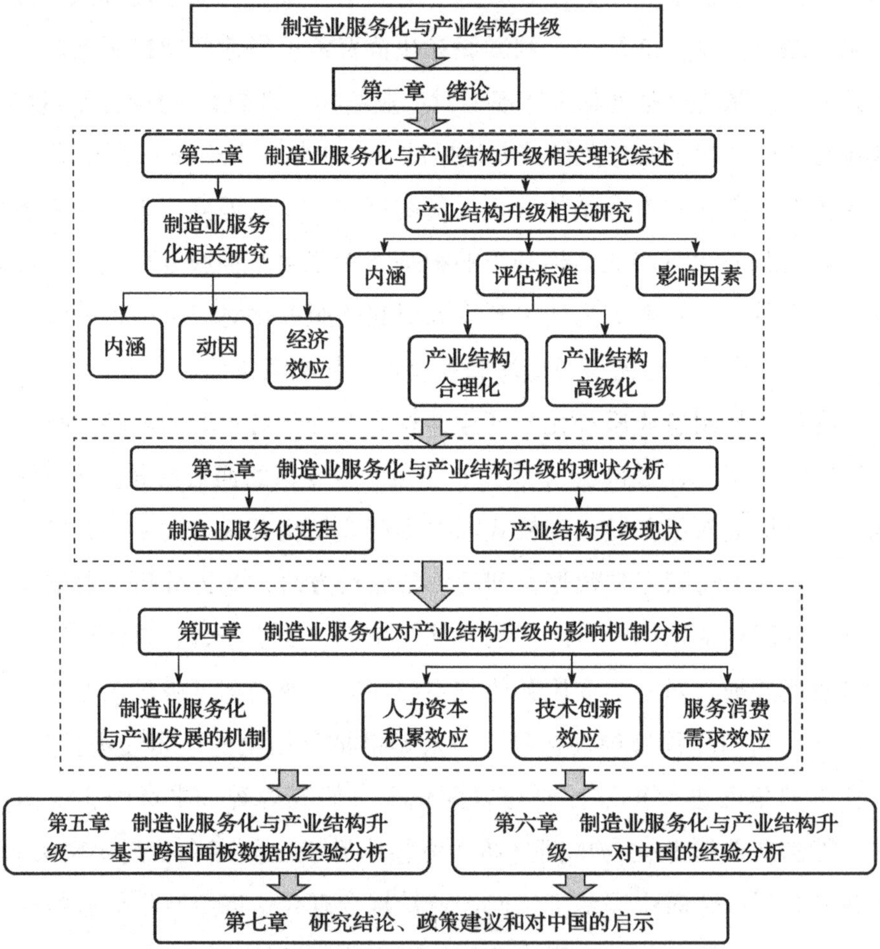

图 1-4　本书研究框架

二、研究方法

为了使研究结论更加可靠，本书利用多种方法从不同维度展开分析，具体研究方法归纳如下。

（1）规范分析法和实证分析法相结合。本书在梳理和归纳相关文献的基础上，通过较为严密的逻辑推演对制造业服务化影响产业结构升级的作用机制进行了规范化分析。在理论机制推导、构建计量模型、优化度量指标的基础上，利用跨国面板数据、中国整体时间序列数据，以及中国省、自治区、直辖市面板数据对理论假说进行计量检验。运用多种计量分析方法，从多个角度进行稳健性和扩展性研究，较为严谨深入地考察了制造业服务化生产模式对产业结构升级的影响，进而达到规范化分析和实证分析相互验证的目的。

（2）典型事实分析法和对比分析法。经济现状分析是进行计量分析的现实基础和逻辑起点。本书通过统计性描述、关键指标测算、对比分析对世界主要国家制造业服务化发展和产业结构升级现状进行了较为全面和详细的分析。在此基础上，利用对比分析法对不同国家制造业服务化发展特征、产业结构升级特征及不同国家（地区）之间的差异进行了比较分析，获得了对中国制造业服务化和产业结构升级现状的清晰定位。

（3）多学科交叉分析法和文献分析法。本书以产业经济学、企业组织和企业管理、国际经济学等学科相关理论为基础，综合分析了产业结构升级的影响因素。同时搜集并研究了制造业服务化、产业结构升级等方面较多的理论和实证研究文献，通过对现有文献的系统性分析形成对相关理论较科学的认识和把握。

第三节 研究创新点与不足之处

一、研究创新点

本书以全球制造业普遍进行服务化生产模式变革为背景，系统地分析此类以产业融合为特征的制造业发展现象对产业结构升级的影响和微观路径，本书主要在以下几个方面进行了创新和发展。

（1）在研究视角方面，针对已有制造业服务化研究多停留在开展服务化生产模式的企业本身，较少有文献探讨该类产业变革现象的宏观经济效应问题，本书从全球制造业普遍实施服务化变革的现实出发，分析制造业服务化生产模式对宏观经济结构的影响。从理论和实证上探讨这种以产业融合为特征的制造业生产模式变革对产业结构升级的影响。从选题上看，本书既是对制造业服务化现象研究的一点拓展，也是在全球经济的背景下，对以优结构促增长的经济发展思路的一点补充。

（2）在理论分析方法上，通过较严谨的逻辑推演全面地分析了制造业服务化影响产业结构升级的微观路径。从制造业服务化的内涵出发，结合要素禀赋理论、市场需求理论梳理了制造业服务化影响产业结构升级的路径，提出制造业服务化生产模式影响产业结构升级的人力资本积累效应、技术创新效应和服务消费需求效应，使本书分析更具理论严谨性。且在影响路径检验分析中，既构建中介效应分析模型考察影响路径，还引入了变量交互项分析影响机制的方法，以准确地识别制造业服务化作用于产业结构升级的路径。

（3）在产业结构升级的内涵界定和指标构建上，针对以往研究中产业结构升级的内涵界定不清晰、不全面、不统一的问题，本书从产业结构合理化、高级化两个角度，进一步丰富了产业结构升级的内涵。在此基础上，利用优化的“产业结构合理化”与“产业结构高级化”指标衡量产业结构升级，尽量减少内涵界定不清晰导致的产业结构升级核算偏差。

（4）在计量分析上，对于研究的内生性问题，同时运用解释变量与控制变量滞后一期及两阶段最小二乘估计法进行内生性检验。综合使用替换关键指标、分样本、考虑重大事件影响、剔除离群值、更换计量分析模型等多种稳健性检验方法，以此论证本书研究结论的可靠性。同时，从制造业服务化对产业结构升级的滞后效应、生产性服务和生活性服务的差异、不同类型生产性服务投入等多个角度进行扩展性研究，拓展对制造业服务化生产模式的认识，也是对现有相关研究的一点补充。

二、研究不足之处

本书研究仍然存在以下两个方面的不足。

（1）未能构建更为系统、严谨的制造业服务化影响产业结构升级的理论模型。制造业服务化生产模式的本质是制造业通过流程设计和能力创新实现与服务业共生融合的产业发展现象，但由于影响系统的复杂性，未能构建制造业服务化生产模式影响产业结构升级的系统性理论模型，而是进行了多角度、多层次影响机制的梳理。

（2）因缺乏企业层面投入产出数据，本书未能以微观企业为研究对象，细致地分析发达国家制造业企业的服务化业务特征，进而抽丝剥茧地为中国企业服务化变革提供更具指导意义的经验借鉴。微观企业究竟该如何制定、实施服务化发展战略，如何进行内部机制调整与改革，如何搭建服务与制造深层次的融合平台，以最大限度地激发服务化的产业结构升级效应，这些问题还有待未来进一步探讨。

CHAPTER 2 第二章

制造业服务化与产业结构升级相关理论综述

本章首先围绕制造业服务化的内涵、动因、经济影响等几个方面对国内外制造业服务化相关研究文献进行梳理总结。然后，从产业结构升级的内涵、评估方法、主要影响因素三个方面对产业结构升级相关研究进行梳理。

第一节　制造业服务化相关研究

随着市场竞争日趋激烈，产品利润空间遭受不断压缩，迫使制造业企业不得不进行生产模式变革，以寻求新的竞争优势来源，获取额外收益。服务化被认为是实现产品差异化、阻碍竞争者、获取竞争优势、稳定收益流的有效手段，制造业服务化生产模式由此兴起。随着服务化发展程度不断提高和服务化范围不断扩大，学术界和政策制定者对制造业服务化现象的本质及其经济影响的研究愈发重视，取得了一些重要的理论成果，主要集中在三个方面：其一，制造业服务化的内涵与分类。其二，制造业服务化的发展动因。其三，制造业服务化的经济影响，包括制造业服务化对客户关系管理、企业竞争力、利润和经营绩效方面的影响，以及服务化生产模式对绿色生态经济创建和可持续发展方面的影响。

对经典文献的梳理与提炼是拓展相关研究的基础。为了理清制造业服务化影响产业结构升级的详细途径，本节首先从以上三个方面展开制造业服务化相关研究评述，重点分析制造业服务化的本质特征；然后从制造业服务化的本质特征出发，分析制造业服务化对经济更深层次的影响。

一、制造业服务化的内涵与分类

（一）制造业服务化的内涵与度量

“制造业服务化”概念最早是由范德默维（Vandermerwe）和瑞达

（Rada）于 1988 年提出的，用以描述制造业企业以客户为中心，由传统提供物品（或者物品和附加服务）转向提供“物品服务包”的现象，该研究将制造业服务化转变过程分成三个阶段：只提供物品——提供物品和伴随物品的服务——提供“物品服务包”（服务占主导位置）。赖斯金（Reiskin）等（2000）和奥利瓦（Oliva）、凯伦伯格（Kallenebrg）（2003）等的研究基本遵循这一思路，将制造业服务化阐述为制造业企业由生产物品转向“以提供服务为中心、生产物品为辅助”以实现价值增值的过程。在以上研究基础上，Ward 和 Graves（2005）扩展了制造业服务化的内涵，将其定义为制造商服务业务范围扩大的过程。Ren 和 Gregory（2007）进一步将制造业服务化界定为制造公司采用服务定位或开发更多服务方式以满足客户需求、获取竞争优势、增强竞争力的现象。Visnjic 和 Looy（2009）将制造业服务化解释为企业为满足客户需求而提供整体解决方案的商业模式创新。Baines 等（2009）将制造业服务化定义为制造商通过流程设计和组织能力创新，从销售产品转向销售产品服务系统，以获得价值增值的现象。这些研究将制造业服务化看作制造业提供更多种类、更大范围、用于满足客户个性化需求的服务业务的过程，实际上只描述了服务化的一个方面，即制造业产出服务化。

还有一些学者从制造业投入服务化视角展开研究。投入服务化即在制造业生产中增加服务要素投入，减少物质要素投入而引发要素投入结构的服务化转变。得益于专业化和外包化发展，服务要素供给效率大幅提高，制造业逐步在生产中增加知识技术密集型服务，如产品生产阶段前期的组织管理、创新设计、技术研发服务，产品生产阶段后期的差异化营销、物流运输、安装维护、产品升级等服务，引起制造业要素投入结构的服务化转变。技术复杂度高、价值创造能力强的服务要素大量替代实物要素，在生产和价值创造中发挥日益重要的功能。Szdavetz（2003）注意到制造业中服务投入比重上升的现象，提出服务化不仅包含产出服务化，还包含投入服务化的观点。其中，投入服务化指内部服务要素有效组织和提供对企业竞争力的作用超过传统实物要素；产出服务化指与产品相关的外部服务有效提高了产品价值，且对顾客的重要性日益增加。我国学者刘继国和李江帆（2007）也将制造业服务化描述为：服务产出占制造业全部产出比重增大，服务投入占制造业全部投入比重增大的现象。

另有研究根据服务化发生的范围，从企业服务化和产业服务化层面界定制造业服务化现象。从企业层面上看，制造业服务化指制造业企业通过发展战略调整、内部机制设计、业务和流程模式创新、组织能力提升等实现从有形产品制造商到服务或整体解决方案供应商的转变过程。从产业层面上看，制造业服务化强调在制造业产业链中服务环节的重要性不断提高，并成为制造业价值创造和价值增值主导环节的过程。众多实施服务化生产模式变革的制造业企业组合形成“服务化制造产业”，导致一个国家（地区）产业结构出现第三产业化的典型特征。

总而言之，学界对制造业服务化的内涵界定尚未统一，使用较广泛、表述较直观的定义是：制造业服务投入和服务产出比重增大的过程。因此，本书将制造业服务化界定为制造业通过流程设计和能力创新实现服务投入比重和服务产出比重增大，以获得价值增值的过程。

相关研究通常利用制造业服务投入比重或者服务产出比重来衡量制造业服务化水平。其中，准确衡量制造业服务产出比重的难度较大。尽管部分文献基于制造业企业提供的服务产品种类、数量、服务收入份额等尝试构建制造业产出服务化核算指标，但受技术和数据限制，这类核算方法准确度不高。因此，大多数统计和实证分析从投入服务化角度来衡量服务化发展水平。

利用投入产出表测算制造业生产过程中对服务要素的直接消耗系数或者间接消耗系数是常用的制造业服务化水平衡量指标。其中，直接消耗系数衡量某行业生产 1 单位产出对另一行业的直接使用量。j 制造业行业生产 1 单位产出对 i 服务部门的直接消耗系数可以表示为：

$$a_{ij}=x_{ij}/q_j \tag{2.1}$$

上式中 x_{ij} 为 j 制造业行业对 i 服务部门的中间使用，q_j 为 j 制造业行业的总产出。

完全消耗系数衡量某行业生产 1 单位产出对另一行业的直接和所有间接使用之和。j 制造业行业生产 1 单位产出对 i 服务部门的完全消耗系数计算公式为：

$$b_{ij} = a_{ij} + \sum_{k=1}^{n} a_{ik}a_{kj} + \sum_{l=1}^{n}\sum_{k=1}^{n} a_{il}a_{lk}a_{kj} + \cdots \tag{2.2}$$

上式等号右侧第一项 a_{ij} 为 j 制造业行业对 i 服务部门的直接消耗系数，第二项为 j 制造业行业通过 k 行业对 i 服务部门的第一轮间接消耗，第三项为 j 制造业行业通过 k 行业再通过 l 行业对 i 服务部门的第二轮间接消耗，以此类推……直到第 n 轮间接消耗。里昂惕夫逆矩阵是简化完全消耗系数测算过程的有效方法，运用里昂惕夫逆矩阵可以将完全消耗系数矩阵写成以下形式：

$$B = (I - A)^{-1} - I \tag{2.3}$$

其中：A 表示矩阵元素为 a_{ij} 的直接消耗系数矩阵；I 为单位矩阵；B 表示矩阵元素为 b_{ij} 的完全消耗系数矩阵。相较之下，完全消耗系数能更加全面地反映制造业对服务要素的使用情况，是衡量制造业服务化的常用方法。但由于缺乏企业层面投入产出表，因而利用投入产出表计算完全消耗系数的方法只能衡量产业层面的制造业服务化水平，无法衡量企业层面制造业服务化水平。

（二）制造业服务化的分类

在服务经济繁荣发展的大环境下，制造业面临的商品需求模式、市场竞争模式、产品交易形式、价值创造环节及经营观念等方面均出现了颠覆性变化。具体而言，市场需求由物质产品和处于附加位置的服务转向功能和整体解决方案；市场竞争模式由传统基于产品和成本的竞争转向以差异化服务为基础的新型竞争；产品交易形式从单次短期交易转变为基于产品功能和可用性的长期买卖合同交易；与此同时，传统加工制造环节的价值创造能力不断压缩，服务环节成为价值创造和价值增值的主导环节；卖方市场向买方市场转变，促使生产者导向经营观念向客户导向转变，如图 2-1 所示。

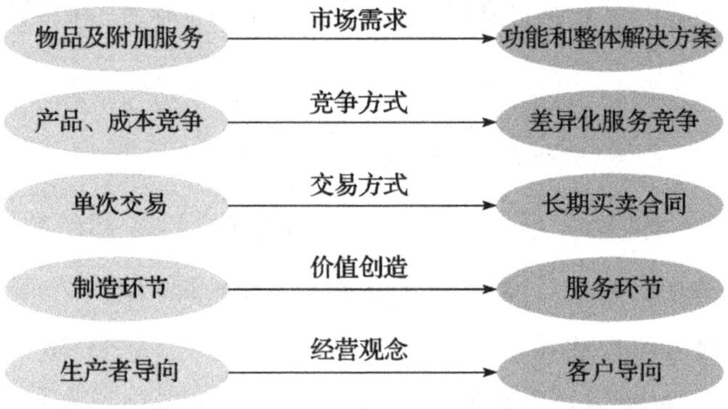

资料来源：笔者整理。

图 2-1　服务经济下制造业特征变化

正是服务经济下制造业面临的内外部条件变化引导制造业企业实施服务化变革，并且进一步决定了制造业服务化的主要模式。尽管制造业服务化的内涵比较宽泛，现有研究也并未就其达成共识，但通常来说，根据制造商提供的服务范围和服务化转型程度可以将制造业服务化模式分为三种类型：以产品为中心的服务化转型（Servitization）、产品服务系统（Product Service System，PSS）及一体化解决方案（All-in-One Solution/Integrated Solution）。不同服务化模式下制造商面临的内外部条件有所差别，导致产品与服务的关系、所有权转移情况、制造商与购买商关系也不尽相同。

1. 以产品为中心的服务化转型

以产品为中心的服务化转型是制造业生产模式转型的初级形式，指制造商业务范围从有形产品拓展至“产品 + 服务包”，但这种制造业服务化模式的核心依旧是有形产品，服务处于从属位置，是实现有形产品价值的辅助品（常见的有维护、修复和支持类服务），此时交易涉及有形产品的所有权转移。

以产品为中心的服务化模式实质上是将服务添加到产品销售包之中，是传统捆绑销售模式的拓展。制造商提供服务的目的是促进有形产品的销售，加强客户关系，提高有形产品的市场竞争力，是产品市场竞争愈发激烈的背景下制造商为获取稳定收益实施的市场竞争战略。对于传统制造商来说，为了向市场提供这类产品，就必须转变现有的组织结构和流程，进行服务化转型。

2. 产品服务系统

产品服务系统是指制造企业在提供有形产品的同时，也提供产品全生命周期内的相关服务（有研究认为产品服务系统是生产者责任制的延伸形式），使有形产品与服务高度集成，以满足特殊消费需求而形成的新型生产系统。产品服务系统可以分为三类。

（1）产品导向 PSS。这类产品服务系统下的有形产品销售遵循传统模式进行所有权转让；同时，供应商为客户提供相应服务，以确保有形产品在一段时间内效用的发挥。此时，业务重点是销售产品，提供服务则是为了保证产品性能和效用，如常见的安装、维护、使用培训等。

（2）使用导向 PSS。主要特征是供应商保留“有形产品”所有权，仅向顾客让渡有形产品的“功能”或“使用能力”，不涉及产品本身的所有权转让，因而可能有多个客户依次甚至同时分享产品功能。这种交易方式能极大限度地满足市场不断增加的“无需拥有产品，不想负担产品维护、处置等成本，只需短期获得产品功能”的特殊需求。例如，通用电气为航空公司提供发动机特定工作时长的飞行能力，近年来繁荣发展的共享交通工具、共享休闲按摩设备、办公设备租赁等都是使用导向 PSS 的例子。

（3）结果导向 PSS。供应商交易的既非有形产品，也非有形产品的“功能”，而是某种特定“结果”。交易过程中无需预先确定产品，且供应商可以自由决定如何交付结果。例如，供应商为客户提供特定“舒适气候”而非燃气或制冷设备。

由以上分析可知，在产品服务系统模式下，不强调产品的所有权转移。根据服务的具体性质不同，产品所有权可能属于客户，也可能属于制造商。从“产品导向”“使用导向”到“结果导向”，有形产品的重要性逐渐下降，对客户需求的掌握和满足能力不断增加。这种制造业服务模式下价值主张并非产品或者服务，而是如何实现资源的最优设置，以共同创造更大的顾客价值。

3. 一体化解决方案

一体化解决方案，又称“交钥匙解决方案”“全面服务合同”“全面解决方案”等，是制造业服务化的高级模式，指供应商提供有形产品与服务组合，使顾客在无需获得有形产品与产品所有权的情况下便可从服务中获取产品功能和可用性，顾客则根据产品使用体验和获益情况向供应商付费。需求结构的多元化发展导致制造业面临的客户需求不再是单一产品和简单服务，而是多种产品组合与协调运转带来的某种功能和特定结果，因而全面解决方案的供给能力已经成为决定制造商能否在竞争中取胜的关键。Johansson 和 Olhager（2004）认为一体化解决方案模式下供应商提供的不仅是“产品服务包”，而是复杂的基于客户定制化需求的特殊提供物。Windahl 和 Lakemond（2010）将一体化解决方案的提供物分为租赁提供物、维护提供物、绩效提供物和运营提供物。Brax 和 Jonsson（2009）指出一体化解决方案的特殊提供物包括安装基础、解决方案系统平台、信息和服务，这些业务组合在一起为客户提供某种功能。

但是，不同于产品服务包模式下产品与服务的简单组合或捆绑销售，一体化解决方案下不同业务之间形成无缝对接，重点关注业务组合的结果和功能。在这种模式下客户能够获得比产品服务包更大的价值。为了提供独特的客户价值，供应商需要密切联系客户，并掌握其详细需求，因而供应商与客户之间属于长期共生的契约关系，供应商承担部分客户风险，成为客户业务系统的重要组成部分。

表 2-1 为代表性研究总结的制造业服务化特征。按照界定不同可以

将制造业服务化生产模式划分为服务化转型、产品服务系统和一体化解决方案三种。

表 2-1　代表性研究总结的制造业服务化特征

文献作者	定义	主要特征	实质
Vandermerwe 和 Rada（1988）	以客户为中心提供商品、服务、支持、自我服务及知识的完整“包”，以增加核心产品价值	①以客户为中心； ②由出售物品（或物品和附加服务）转向出售“物品服务包”	服务化转型
Baines、Lightfoot、Benedettini（2009）	从销售产品到产品服务系统的组织能力和流程创新，以更好地创造共同价值	①强烈的客户中心性； ②多产品供应商交付个性化解决方案； ③从面向产品的服务转为面向客户流程的服务； ④客户交互的实质从交易为基础转向关系为基础	产品服务系统
Tukker（2004）	由有形产品和无形服务组成，它们设计并结合起来以满足特定客户需求	①商业创新重点是集成的产品服务设计策略； ②更多利益相关者参与，包括 PSS 发展和设计过程的客户； ③重视产品使用而非产品所有权	
Toffel（2002）	销售产品功能而非产品本身的新型商业实践	①制造商出售产品功能而非产品； ②制造商保留产品所有权； ③顾客根据产品使用情况付费； ④制造商提供产品相关服务而不额外收费	一体化解决方案
Neely 等（2011）	在核心产品中添加或集成服务	①企业由提供产品转向提供解决方案； ②由重视产品转向重视结果（保证产品可用性的长期契约）； ③由产品交易转向关系处理； ④由单个供应商变成复杂服务网络参与者； ⑤由重视要素转向重视产业生态体系	

资料来源：笔者整理绘制。

尽管不同文献对制造业服务化的内涵界定有所差异，且制造业服务化生产模式也根据服务与产品的相对地位，是否涉及所有权转让，产品与服务组合方式及服务化转型程度不同而分成不同类型，但是相关研究基本认同服务化生产模式下制造商的功能定位与价值增值来源发生了根本性改变，产业链定位由产品生产商转型成为服务供应商；主要价值来源从物质产品转向功能和服务。因此，销售功能、服务与整体解决方案而非实物产品是服务化制造业的典型特征之一。

二、制造业服务化的发展动因

当原本专业化于产品生产的传统制造企业实施服务化战略转型时，往往要为生产模式调整投入大量人力、资源和额外成本，并且增加了来自服务供应商和服务市场的多重竞争，面临较大的转型失败风险。那么，制造业为何要采取服务化发展战略？从经济逻辑上看，随着要素禀赋动态变动，发达国家劳动力成本大幅上升，制造业承受巨大压力，不少工业部门逐步失去了基于成本的国际竞争优势。提高价值链分工位置，通过创新专注高附加值环节成为发达国家避免成本竞争的重要选择，而将服务整合进制造业生产之中是一种有效方式，进而推动制造业服务化生产模式在发达国家兴起。从企业竞争策略上看，在传统生产制造环节中融入个性化服务能够更大程度地满足市场需求，是锁定消费者、排除竞争者，以及实现产品差异化的重要手段，能够引导制造业服务化生产变革进一步深化。从环境友好型生产模式创建上看，以服务要素替代传统资源要素是降低资源与环境成本、适应严格环境管制法规的有效策略，也是促进服务化不断发展的重要外部动力。

早在 19 世纪 50 年代，为了降低对分销商的依赖，并强化客户关系，制造商已经开始尝试将业务范围扩张至服务领域。经历超过 100 多年的发展，制造业面临的内外部竞争和经营环境发生了巨大变化，无论是微观层面制造业企业实施服务化转型战略，还是中宏观层面国家（地区）产业结构实现“软化”和服务化发展，都是制造业内外部多种因素综合作用的结果。通过梳理相关文献，本书认为追求绩效最大化、获取竞争优势、稳定客户关系是制造业服务化调整的主要内在动力；资源价格上升、价值链分工深化、知识经济兴起和环境管制日益严格是推进制造业服务化的外在动力，这些因素的共同作用催生了以服务为基础的制造业生产模式变革。

（一）制造业服务化发展的内在动力

1. 追求绩效最大化

实现利润和绩效最大化是所有企业的核心追求，也是所有制造业企业不断进行生产结构调整和战略转型的重要驱动力。早期研究大多认为服务化能创造更多的利润和收入，尤其在价值链后端，服务与资源、技术、渠道一起形成竞争优势是制造业获得成功的关键。随着数据可得性的提高，服务化的绩效分析得以深入，部分研究发现服务化与企业绩效之间并非简单的线型正相关关系，而是更为复杂的二次曲线关系。即服务化发展初期企业为处理服务化战略和内部资源配置的矛盾投入了大量的人力和物力，服务化所产生的成本足以超过收益，这会导致企业盈利能力下降；但随着企业跨过起步阶段，服务化机制将充分发挥作用，企业最终会获得竞争力和盈利能力的显著提升。尽管在制造业服务化对企业绩效影响的实证研究方面尚未形成一致结论，甚至部分研究认为服务化对企业绩效产生了负面影响，但大量价值链研究的相关文献证实，位于“微笑曲线”两端的服务环节是价值创造的主要环节，制造业生产核心向服务环节移动是提高企业增值能力的重要途径。因而，从理论上看，制造业企业扩大投入和产出中的服务比重，促进生产范围向服务环节延伸有利于提高链条整体的增值能力，对企业获利能力产生正面影响。

2. 获取竞争优势

在干中学效应和技术溢出效应影响下物质产品生产日益趋同，产品竞争愈发激烈，服务化有利于制造业企业构建新型竞争优势。一方面，服务化有助于形成基于个性化服务的产品差异性，提升产品差异化程度。比如，一些制造业企业设立个性化定制平台，提供模块化生产供用户自行重构，根据产品特征设立体验式营销及电商网站提供“猜你喜欢”等都是制造业企业提升客户体验、提高进入门槛、阻碍竞争者、获取新型竞争优势的重要手段。另一方面，服务要素相对资源要素而言，知识技术密集度更高，是人力资本、技能和知识资本的载体，具有吸收引导人力资本和知识资本进入生产过程的功能。随着高端要素投入比重的进一步提高，制造业企业将获得竞争力和增值能力的提升。另外，服务化还能提高价值链各环节之间的协调效率、供应链管理效率、企业市场反应能力，这些皆有助于增强企业竞争力。总之，围绕产品提供基于客户个性化需求、有战略深度的服务能够最大限度地满足客户需求，而增加生产中的服务投入则能够引导高端要素进入，因此传统的纯制造业企业极有可能为获取新型竞争优势而采取服务化生产模式。

3. 稳定客户关系

首先，制造业企业利用服务化战略搭配一些可操作性经营策略，就可以锁定消费者、排除竞争，并且获得稳定收益流。比如，服务化制造业企业的一种惯用策略是“以富有竞争力的价格销售基础设备，通过提供专用性零配件和售后服务化赚取利润”，企业在销售产品的同时，还打包出售与产品相关的服务功能，既获得了利润增长，又能吸引消费者。例如，汽车生产制造商设立 4S 店，除了作为销售终端，还为客户提供汽车“终身服务解决方案”，以此轻松锁定消费者。其次，服务化战略可以加强客户关系，创造有弹性的收入流，且为竞争对手设置更高门槛。利用服务化策略，产品供应商得以开展为消费者提供专业化安装、维修、更换备件等服务活动。这些服务活动能够最大限度地满足消费者需求，加强客户关系管理，维持客户群稳定。最后，服务化战略有助于建立长期客户关系。随着产品复杂度和技术含量的提高，为保证物品的可用性，消费者对技术支持类服务的需求上升，服务化制造业企业有必要提供基于物品可用性、保证物品性能的长期合约服务，这类服务对建立长期客户关系至关重要。

（二）制造业服务化发展的外在动力

除了制造业企业内在因素的驱动，还有一些不可忽略的外部条件变化也对服务化现象的兴起和发展产生了重要推力。主要的外在动力包括资源价格上升、价值链分工深化、知识经济兴起和环境管制日益严格。

1. 资源价格上升

随着能源矿产资源日益紧缺，21世纪以来主要原材料成本持续上涨或者维持高位，传统依靠自然资源大量消耗获得奇迹式发展的工业经济时代已经不复存在。各国一再调高最低工资标准也导致依赖低廉劳动力成本获得经济增长的发展模式难以持续。与此同时，垂直专业化分工深化带来现代服务业外包化和模块化发展，电子通信和现代管理技术方面的巨大进步推动服务业高速发展，服务经济呈现繁荣态势。在规模效应和服务要素集群效应影响下，服务要素价格维持相对稳定的水平。资源价格上升对制造业服务化发展产生了两方面的影响：其一，服务要素具有智力要素密集度高、附加值高、资源消耗少、环境污染轻等特点，并且价格相对稳定，因此在生产中不断替代价格日益上升的资源要素，导致制造业生产过程中服务要素投入比重上升。其二，面对严峻的资源约束，制造商不得不在资源消耗环节研发和使用资源利用率高的生产技术，使用可再生、可回收的零部件和材料，开发资源消耗少、污染排放低的生产工艺，促使企业核心环节由生产制造延伸至服务。

2. 价值链分工深化

首先，价值链分工通过改变产业转移模式引起了服务环节比重提高。在产业间分工模式下发达国家通常将不具备竞争优势的夕阳产业转移至发展中国家，以专业化于优势产业生产，但在全球价值链分工生产方式下产业转移模式发生变化，发达国家不再将整个产业转移出去，而是转移产业链中的低附加值环节，保留高附加值的核心环节。服务环节处于“微笑曲线”的两端，为典型高附加值环节。因此，发达国家在生产中不断投入服务要素及服务要素所包含的技术、知识和人力资本，再通过全球价值链分工和生产环节转移率先实现产业结构服务化。其次，全球价值链分工促进服务业生产效率提升，并且成为服务业融入制造业价值链的基础。随着全球价值链分工的深化，服务业实现专业化和外包化生产，生产规模和生产率迅速提升，为服务要素融入制造价值链提供了市场基础。最后，全球价值链分工通过工序间的投入产出关联匹配融合，模糊了服务与制造的边界。当分工延伸至产品工序层面后，上游环节的产出成为下游环节的中间投入，各环节紧密的投入产出关联决定了研发、工程、管理、会计、咨询、营销、安装、维修等服务要素向价值链上游、中游和下游的各个制造环节延伸，不仅拓宽了制造业的业务范围，也使服务与制造之间的界限变得模糊。两者实现匹配融合，制造业中的服务投入和产出比重上升。

3. 知识经济兴起

1996 年经济合作与发展组织发表年度报告《以知识为基础的经济》，正式阐明知识经济的重要性。包含在人力资本和技术中的知识是现代产业实现种种变革的外部条件之一，是驱动制造业服务化转型的重要因素。知识和信息显著的价值创造能力促使产业结构中心逐步向信息和知识产业转移，引起产业结构软化。产业结构软化主要表现为“第三产业比重提高，出现服务化趋势”。知识经济对制造业服务化发展的作用体现为：第一，极大提高了人力资本和技术生产率。21 世纪以来，计算机、电子通信、航天、医疗等知识密集型产业得到迅速发展就是重要佐证。因为显著的生产率提升效应，知识要素在价值创造上发挥越来越大的作用，促使企业的生产重心转向知识、技术密集型环节和服务环节，引起产业结构向更高形态攀升，第三产业比重得以提高。第二，知识是技术创新的基础。知识创造、积累和应用是企业实现研发创新、管理和工作技能提升的基础，尤其与技术概念形成、理念设计、产品体验、客户需求相关的隐形知识是企业实现创新的重要源头。第三，无形的知识要素通过渗透其他要素影响制造业的生产方式。以高端服务要素为载体，知识与传统生产要素相结合，促使制造业和服务业相互融合，并且出现了制造业服务化的发展趋势。

4. 环境管制日益严格

世界主要国家对环境治理的重视和努力是制造业服务化发展趋势不断推进的重要动力。世界可持续发展商务委员会将“服务扩展”视为提高环境效率的四个重要因素之一。通过文献梳理和分析可以发现，环境管制对制造业服务化生产模式变革的影响是通过制造商承担更多的环境成本来发挥作用的。随着环保意识的提升，各国推出了更加严格的环境管制政策。传统制造业生产以消耗大量的自然资源为代价，不仅附加值低，而且造成了巨大的环境成本。各国的环境管制政策逐步进行环境和资源有偿使用制度改革，要求制造商承担更大比重的环境成本，包括生产阶段的污染物排放成本，以及一定比例的自然资源破坏和环境退化的潜在成本（资源税、破坏成本）、环境治理和恢复成本（防护林建设成本、汽车尾气净化器安装成本）、产品维修和处置成本等额外环境成本。为降低环境成本，制造商开始重视研发和引进清洁制造技术（如节能、降污技术），从而减少资源消耗与污染物排放；在产品生产时使用耐用且可回收的材料和设计，延长产品生命周期，减少维修成本且最大化利用报废产品的可回收部件；在废品处置时为消费者提供更加高效安全的解决方案。制造商通过产品维修、部件重新利用、回收循环、产品升级等举措促进制造业企业由有形产品制造延伸到价值链的服务环节，推动制造业的服务化发展。

三、制造业服务化的经济影响

尽管制造业服务化往往被认为是西方发达国家的产业发展现象，但工业化程度较低的发展中国家正在迎头赶上。中国、印度、巴西、印度尼西亚等发展中国家的制造业服务化水平正在大幅提高，制造业服务化正成为一种全球现象。学界对制造业服务化的经济效应研究愈发重视，研究成果主要包括以下三个方面。

其一，制造业服务化有助于提高企业竞争力。相关理论分析认为，在传统产品生产中融入差异化服务是一种有效竞争策略，不仅可以满足客户个性化消费需求，提升产品使用体验，加强客户关系管理，并且差异化服务能够降低产品被模仿与复制的概率，从而起到阻碍竞争者、提升产品竞争力的作用。因此服务化被视为一种新型企业竞争策略。国内部分实证研究证实制造业服务化对企业竞争力有积极影响。

其二，尽管理论分析认为制造业服务化有助于提高经营绩效，但相关实证研究发现服务化模式对企业绩效和利润提升存在不利影响（服务化悖论）。研究认为服务化增加了企业经营成本和管理难度，导致生产过程非效率，因而出现服务化程度提高，企业绩效反而降低的结果。Neely 等（2009）对 25 个国家 10028 家上市制造业企业服务化的经验研究表明企业绩效与服务化程度负相关。Neely 等（2011）进一步证实制造业服务化对企业绩效有不利影响。这类分析认为服务化生产模式会伴随某些负面影响，如核心技术、资源、利益、权力机构重新配置导致的政治成本；大量资金和资源投入导致生产经营非效率；组织模式冲突、战略分散等造成管理难度、不确定性和转型失败风险提高；市场对服务产品的价值和生命周期认知有限，导致产品交付难以达到双方预期。此外，管理层缺乏重视，组织设计和信息技术落后及管理能力不足，都可能导致“服务化悖论”问题出现。

其三，制造业服务化能提高产品性能，延长产品生命周期，从而减少资源消耗与污染物排放，产生环境改善效应。White 等（1999）指出服务化生产模式促使企业采用耐用的材料与设计，同时提供售后维修等服务，从而提高产品使用寿命，降低材料和能源消耗；而回收、循环利用等产品处置服务能够降低废弃物污染。Fishbein 等（2000）认为服务化模式对耐用品的生产和消费能够缓解经济增长的环境影响。Brouillat

（2009）指出维护、修理、修复等服务能够延长产品使用寿命，降低产品生产使用的环境影响。部分制造业企业的生产实践也证明服务化生产模式可以提高产品的环境性能。例如，化学化工品制造企业通过提供化学品安全管理服务显著降低了有害污染物排放。

总之，现有制造业服务化经济影响分析多集中于实施服务化战略的制造业企业本身，有部分环境经济学研究文献探讨了服务化对创建绿色经济发展模式的影响。但是制造业服务化作为当前全球制造业生产模式的重大变革之一，既是制造业实现高端化、复杂化、多利化发展的过程，也是制造业与服务业互补性融合、实现“产业软化”的过程。此外，通过对制造业服务化的本质与典型特征的剖析发现，制造业服务化发展有助于促进人力资本积累，提高技术创新能力，改善需求水平与需求结构，甚至影响制造商全球生产网络参与决策和路径，因而随着制造业服务化变革范围的日益扩大和服务程度的不断提高，其经济影响极有可能突破制造业企业本身，或者进一步超出制造业产业范围，对国家（地区）宏观经济产生作用。在全球经济增长持续低迷，结构调整成为各国政策关注重点的背景下，本书认为从这种以产业互补性融合为特征的生产模式变革出发，探析推动产业结构升级和经济结构优化的新思路，具有深刻的研究价值和现实意义。

第二节 产业结构升级相关研究

产业结构研究是中国产业经济学研究的重要领域之一。产业的结构特征与演化历程揭示了产业之间的资源占用关系，也反映了社会生产活动与市场需求的演进特征。世界主要国家的发展经验证实，产业结构演变对经济增长有至关重要的影响。大量文献对产业结构升级问题进行了研究。本节从产业结构升级的内涵、评估与核算指标、主要影响因素等方面进行文献评述。

一、产业结构升级的内涵

在产业结构升级内涵分析前需明确以下两点。

其一，产业升级与产业结构升级之间既紧密联系，又有所区别。总体来看国外学者更注重产业升级研究。Gereffi（1999）指出产业升级是经济主体循序渐进地开发操作流程和生产活动，并且实现自身能力不断提升的过程，在制造业中表现为产品生产从“便宜到昂贵、从简单到复杂”的转变。Ernst（2001）认为产业升级包括产业内升级（从低附加值产业转向高附加值产业）、要素升级（从传统自然禀赋要素向创造性要素转变）、消费需求升级（从必需品转向奢侈品）、价值链升级（从低附加值环节向高附加值环节转变）及前后项关联的层次结构升级（从产品制造转向服务）五个方面。Gereffi 和 Humphrey（2005）主张产业升级是企业从简单商品生产发展到复杂组件和部件设计，并最终实现完整生产线生产的转变过程。Pietrobelli 和 Rabellotti（2006）认为产业升级就是开发越来越多高附加值产品的过程，包括高附加值物质产品和高附加值服务。上述产业升级研究的本质是基于全球价值链视角，将产业升级的核心视为产业附加值提升，并且从价值链低端到高端的转变过程。从这个视角来看，产业升级包括操作流程升级、产品升级、功能升级和价值链升级等多个层次的内容。

但是，国内的相关研究更加注重从“结构调整”角度来分析产业升级，强调自然资源、劳动力、资本等生产要素由一个部门向另一部门转移，实现要素配置效率提升和产业布局优化。吴崇伯（1988）把产业升级阐释为产业结构由劳动密集型向资本技术密集型调整，实现产业结构的升级换代。张耀辉（2002）认为产业升级是高附加值产业替代低附加值产业，不仅包括三次产业间的结构比例变化，也包括产业整体附加值的变化。靖学青（2008）将产业升级视为三次产业之间及产业内部从低状态向高状态动态发展，推动经济资源合理配置和主导产业转换，实现产业结构优化的产业演进过程。蔡昉等（2009）从劳动密集型、资本技术密集型产业转移承接的视角分析中国产业升级的特征。这些研究从三次产业之间及某个产业内部细分产业之间的布局优化视角，将产业结构和主导产业的高端化、复杂化发展视为产业升级的关键，准确而言就是产业结构升级。

关于产业结构升级与产业升级的关系，不同学者持有不同观点。部分国内研究将产业升级等同于产业结构优化调整和主导产业升级更替。另一些研究认为产业升级的内涵更加丰富，既包括产业结构改善，也包括产业素质与效率提升。产业结构改善强调各产业之间协调发展，促进经济整体效益的提高；产业效率提升强调生产要素优化组合以及技术水平、管理水平和产品质量的提高。朱卫平和陈林（2011）认为产业升级是要素禀赋的动态变化促使资源比较优势从土地、劳动力等初级要素转向资本、技术等高级要素，迫使旧产业衰退，新兴产业不断涌现，周而复始实现产业素质、技术和产业结构动态提升的过程。潘冬青和尹忠明（2013）认为产业升级是产业为适应社会需求而进行技术创新和变革，进行产业能力培育的过程，既包括“产业结构升级”，也包括“产业的结构升级”。前者强调产业从低形态向高形态转变，实现产业协调发展；后者强调某个产业内部生产要素组合优化、技术和管理能力提升、产品结构提升等。

其二，尽管产业升级是产业经济学研究的热点问题，但对其内涵的分析始终未能达成一致，不同研究者有不同理解。究其原因，除了产业升级内涵非常丰富，还因为产业升级是一个复杂的动态系统。随着时代变迁，其内涵在不断扩展，尤其是分工从产业间深入产品间的分工模式演变对产业升级的内涵产生了巨大影响。基于研究侧重点差异，本书认为：国内产业结构升级研究侧重产业之间的组合结构与布局优化，本质是产业结构合理化与高级化发展；近年来的研究则更加重视纯产业结构调整以外的新升级形态，包括生产要素、产品、技术和能力等多方面的升级，愈发趋近全球生产网络视角下价值链升级的研究；国外相关研究侧重在全球价值链（GVC）分工深入发展条件下，从 GVC 视角分析产业内部素质与效率提升，将产业升级视为某个产业内部实现技术和管理能力、资源配置能力、价值创造和增值能力、综合生产能力提升的产业发展状态。

（一）要素比较优势动态演变视角

周振华（2014）等将产业结构升级视为产业结构优化和主导产业转换的过程，即主导产业由低形态向高形态发展，优势产业在国民经济中比重提高且挤占衰退产业，实现产业布局合理化和产业结构高级化发展的过程。这类研究多从要素比较优势动态演化视角来解释产业结构调整和主导产业转换的原因。例如，林毅夫（1999）认为产业结构升级和技术结构升级都是经济中资源禀赋结构变动的结果。波特（2002）、张其仔（2008）、朱卫平和陈林（2011）均在要素禀赋动态演变逻辑下阐述和发展了产业结构升级的内涵。Hidalgo 等（2007）从比较优势动态演化视角重新分析了初始能力禀赋对产业升级的影响。

“阶梯比较优势理论”认为随着经济发展和要素积累，国家（地区）比较优势具有明显的阶段性。林毅夫（2011）指出经济禀赋在任何既定时间是给定的，但是会随着时间推移而变化。由于禀赋结构处于变化之中，相应的要素比较优势也具有阶段性，而且其阶段性转换导致不同经济发展阶段的最优产业结构也相应地具有阶段性特征。主要发达国家的产业结构升级历程表明，在要素禀赋从劳动丰裕到资本丰裕，再到技术丰裕的升级过程中出现了主导产业从劳动密集型到资本、技术密集型的转变。具体而言，工业化前期由于资本积累的严重不足，劳动力供给非常丰裕，此时主导产业以农业和劳动力密集型的纺织、服装、手工业为主；随着工业化推进和外资引入，资本大量积累，资本密集型产业快速增长，主导产业转向大型和重型制造业；进入工业化后期，劳动力成本上升，技术突飞猛进，主导产业转向知识技术密集型制造业和现代服务业。可见，从要素禀赋视角可以将产业结构升级阐释为随着要素禀赋动态转变，要素投入结构发生变动，促使核心生产要素从传统禀赋型资产转向创造型资产，导致了不同要素的密集型产业与部门之间升级更替，主导产业由劳动密集型向资本技术密集型转变，产业结构布局实现合理化和高级化发展。

（二）技术进步视角

另一些研究强调技术进步的作用，从技术进步视角解释产业结构升级的内涵和原因。刘志彪（2000）认为产业结构升级包括劳动力结构升级、产品结构升级、产业部门升级和产业内生产要素配置效率升级，而生产率、技术进步及产品附加值提高是获得产业结构升级的关键。林毅夫和张鹏飞（2005）指出通过技术引进和自主创新获得技术创新便能实现产业结构的快速升级。吴敬琏（2006）认为技术进步、效率提高就是产业升级的本质。姜泽华和白艳（2006）认为产业结构升级包括产业结构规模扩大、产业结构水平提高、产业结构关联更加紧密，而技术进步是开拓新生产技术、形成新产业、推动传统产业实现技术改造、促进产业结构升级的重要推力。Azadegan 和 Wagner（2011）认为产业升级就是生产技术复杂化发展的过程。因此，从技术进步视角可将产业结构升级视为通过技术进步实现对生产要素的合理调配和有效利用，促进生产效率和技术水平提高，产业技术层次由低技术升级为高技术。例如，传统劳动密集型农业向大型机械化现代农业发展；制造业由初级产品制造向复杂中间品制造发展；服务业由提供基础的、生活性服务产品向提供复杂的、高价值增值能力的生产性服务产品发展。

可见，结构优化层面的产业升级研究主要分析要素结构动态优化促进资源配置能力提升，从而实现三次产业之间布局协调化、合理化、高级化发展；技术密集度提升促进各产业内部结构实现复杂化、高端化发展。本书将基于结构优化层面的产业升级统称为“产业结构升级”。

二、产业结构升级的评估

产业结构升级研究一般从产业结构合理化（Rationalization of Industrial Structure）与产业结构高级化（Optimization of Industrial Structure）两个维度评估产业结构变迁情况。其中，焦继文和李冻菊（2004）关于产业结构变迁的观点比较具有代表性。该研究认为产业结构优化离不开产业结构的合理化与高级化，前者用于衡量产业间的有机联系与耦合关系，后者衡量产业由低水平向高水平发展的问题，二者具有相互依存、相互促进的关系。干春晖等（2011）同样将产业结构合理化与产业结构高级化作为产业结构升级的基本衡量标准，认为产业结构合理化实质上是要素投入结构和产出结构耦合度的衡量，反映了产业之间的相互协调程度及资源的有效利用程度；而产业结构高级化是主导产业由低级向高级更替的过程。

另有一些研究从产业生产效率提升角度评估产业结构升级变迁。这类研究认为产业结构变迁过程就是生产率变迁的过程。方慧等（2012）认为产业结构升级包括产业结构合理化、高级化与高效化。其中，产业结构合理化、高级化的界定与焦继文和李冻菊（2004）的观点一致，产业结构高效化指产业结构的效率提高，从低生产率、低技术产业向高生产率、高技术产业演变，从而促进资源由低效产业向高效产业转移。邹一南和石腾超（2012）也指出产业结构升级包括结构变迁和效率提升。另外，实证分析中周昌林和魏建良（2007）、刘伟等（2008）、彭冲等（2013）皆利用各产业部门的劳动力生产率来构建相应指标，以此衡量产业结构高级化。本书遵循大多数研究，利用产业结构合理化与高级化来衡量产业结构升级，接下来对产业结构合理化与高级化评估标准进行分析说明。

（一）产业结构合理化评估标准

关于产业结构合理化的研究成果中，李京文和郑友敬（1989）认为产业结构合理化指通过产业结构调整，不同产业实现协调发展以满足不断增长的社会需求的过程。同时，从资源利用、产业协调、需求应变、经济效益、吸收科技成果、利用国际分工六个方面提出了产业结构合理化的评估标准。周振华（1989）指出产业结构合理化的关键在于产业之间相互作用形成的整体能力，即产业结构的聚合质量。产业结构越合理，产业聚合质量越高。王述英（1996）将产业结构合理化定义为，在既定经济社会发展目标下，各产业协调发展，并且取得较好结构效益的产业优化过程。苏东水（2005）指出产业结构合理化是产业之间协商能力和关联水平强化的动态过程。王林生和梅洪常（2011）认为产业结构合理化是指各产业之间在产值数量、资源占比、产业地位等方面配置构成的产业系统符合经济主体一定时期内的发展目标。根据内涵界定的不同产生了多种产业结构合理化评估标准，主要可以归为以下四类。

（1）国际标准。根据多国产业结构变迁经验，钱纳里标准产业结构理论、库兹涅茨“标准结构”理论提出了产业内部结构变迁的一般性规律。因此，考察某个国家（地区）产业结构是否合理，只需计算相关指标，再对照以上一般性规律，即可判断产业结构与“标准结构”之间的偏差。该评估标准简单易行，但忽略了不同经济主体本身的差异性。经济发展阶段、内外部环境、发展战略等条件变化皆可能导致偏差出现，这意味着即使与标准结构的偏差较大，也不能断定产业结构不合理。如此国际标准只能作为初步判断依据。

（2）供需适应标准。供需适应标准利用供给与需求结构间的适应度来衡量产业结构的合理化，若供需结构无法相互适应，则产业结构不合理；反之，两者适应程度越高的产业结构就越合理。该判断标准将产业结构是否合理与需求结构联系起来，其弊端是供需适应只是产业结构合理化的必要不充分条件。一旦需求结构出现扭曲，以供需适应为标准的产业战略将会导致要素错配，引起产业结构失调。

（3）产业平衡标准。产业平衡标准认为产业协调、比例平衡是经济发展的重要条件，因而产业结构合理化的关键在于产业比例平衡。但是，产业比例平衡非常难得，因为一些产业迅速增长导致产业比例扩张，另一些产业增速减缓，甚至逐渐衰落，导致产业比例失衡。在多数情况下，产业比例失去平衡是产业发展的常态。所以，将产业比例绝对平衡作为产业结构合理化的衡量标准既不现实也不合理。尽管如此，产业平衡标准为产业结构合理化评估提供了新的思路，一般利用产业比例逼近平衡的程度来衡量产业结构合理化。

（4）结构优化标准。结构优化标准直接从产业结构本身出发，强调产业之间协调发展，获得更好的结构效益，达到一定发展目标的产业结构优化过程。

此外，根据研究目的不同，国内学者还从开放性结构、关联性结构、可持续性结构、高效化结构、自我调节型结构等角度提出其他产业结构合理性评估标准。但主要针对特定的产业发展倾向提出，虽有一定的分析意义，却不具有普适性。

根据不同的判断标准，相关研究构建了多种核算指标。本书认为结构优化标准更能反映产业结构合理化的内涵。实证分析中相关研究也通常利用三次产业在国民经济中的占比（产值占比、就业占比等）来衡量产业结构合理化的发展程度。例如，徐德云（2008）、徐敏和姜勇（2015）利用三次产业产值占国民生产总值的加权份额构建产业结构合理化度量指标，该指标同时纳入三次产业，能较好地反映产业之间结构布局的合理程度。

（二）产业结构高级化评估标准

一般认为三次产业的层次高低顺序是第三产业→第二产业→第一产业。因而，许多研究文献将产业结构高级化界定为“从第一产业占主导向第二、第三产业占主导的产业结构转变过程”。例如，靖学青（2008）认为产业结构高级化本质是产业结构演进过程中，三次产业之间及各产业内部依次转移、结构从低向高发展的动态过程。李春景等（2006）指出产业结构高级化包括两方面内容：其一，产业结构中三次产业占国民经济的比重依次递增；其二，优势产业由劳动密集型向资本、知识密集型转变。毛军和刘建民（2014）将产业结构高级化定义为，产业结构系统从低级形式向高级形式演变的过程。高远东等（2015）认为产业结构高级化是产业结构在合理、协调基础上，实现素质和效益向更高层次进化，反映了产业结构由低级到高级、由简单到复杂、由小规模到大规模、由刚性到柔性的动态发展过程。

以上研究具体表述上有所差异，但这些研究基本认同产业结构高级化的实质是主导产业从低级到高级的演变过程，且这种演变过程既包括三次产业结构中从第一产业占主导向第二、第三产业占主导演进，也包括产品结构中从制造初级产品的产业占优势向制造中间品、最终品的产业占优势演进，还包括部门结构中从劳动密集型占主导向资本、技术与知识密集型产业占主导演进。刘伟等（2008）对产业结构高级化的评估方法主要有三种类型：

（1）静态比较法。与评估产业结构合理化的国际标准法一样，静态比较法利用库兹涅茨、钱纳里、塞尔奎因等对多国产业结构演变分析得到的经验为标准，判断产业结构在高级化发展中所处的阶段。由于静态比较法不考虑经济体的个体差异，只能作为产业结构高级化的初步判断依据。

（2）动态比较法。通过不同产业系统之间的产业结构相似性或差距，考察产业结构高级化。前者通常利用两个系统的结构相似性指数（夹脚余弦法）、相关系数等衡量产业结构高级化；后者多利用两个系统之间产业结构的欧式距离、海明距离或兰氏距离衡量产业结构高级化。动态比较法以两个产业系统的比较结果为判断依据，因此对照系统的选取对评估结果有直接影响。

（3）构建指标法。构建指标法是最常见的产业结构高级化评估方法。早期研究大多根据配第—克拉克定理，利用非农产业产值比重衡量产业结构高级化；或根据霍夫曼定律利用资本资料与消费资料的产值比例变化趋势衡量产业结构高级化；或者考虑产业技术水平变迁角度，利用智力密集型产业、高新技术产业的产值比重衡量产业结构高级化。

随着信息技术革命带来服务经济快速发展，世界主要国家产业构成发生了巨大改变，第三产业增长率超过第二产业，成为国民经济主导产业；第三产业的比重不断提高成为产业结构高级化演变的主要特征。此后，产业结构高级化评估重点转向第三产业化，大量文献利用"第三产业产值与第二产业产值之比"衡量产业结构高级化。这种度量明确地反映出经济结构软化发展的趋势。而且产业结构高级化不仅表现为第三产业产值比重的增大，也表现为第三产业内部结构向高端化演变。

总之，产业结构合理化的本质是资源在不同产业之间实现合理配置，资源利用率提升，用于解决产业之间的联系与耦合问题；产业结构高级化的内涵比较广泛，强调产业结构从低附加值向高附加值产业发展的问题，既包括经济发展重心由第一产业向第二产业最终向第三产业转移的过程，也包括某个产业内部由低端产业向高端产业发展的过程。产业结构高效化主要考察生产率由低向高的演变过程。因此，相关文献通常通过构建产业结构合理化或产业结构高级化，亦或产业结构效率指标，再结合相应的评估标准，考察产业结构升级情况。图 2-2 为产业结构升级的评估框架。

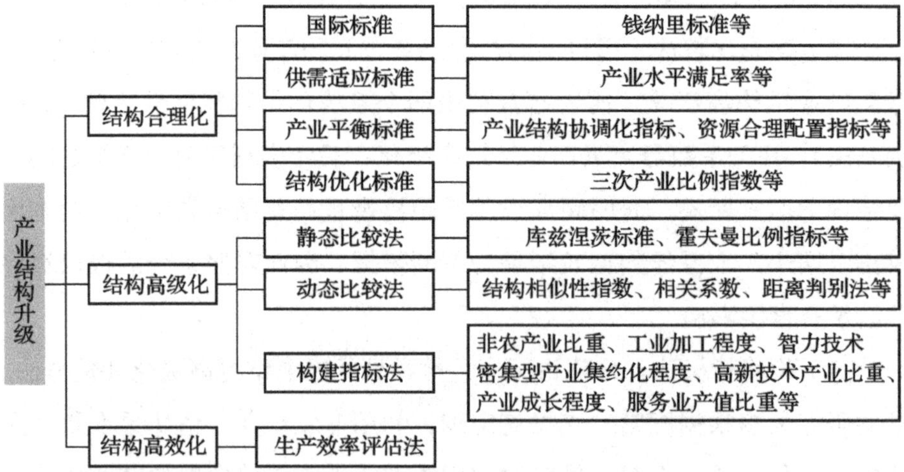

资料来源：笔者整理绘制。

图 2-2　产业结构升级的评估框架

三、产业结构升级的影响因素

产业结构升级需内外部条件的共同支撑。大量理论和经验研究证实，引起产业结构变动升级的原因是多方面的，总体上可分为需求因素（收入水平、消费结构、投资倾向等）和供给因素（自然资源、禀赋条件、技术进步、人力资本、资金、环境等）。通过梳理总结相关研究成果，本书发现高级要素（高端人力资本、技术能力）是影响产业结构升级的重要内因；全球市场需求是影响产业结构升级的重要外部条件。此外，全球价值链参与、全球价值链治理模式、国际贸易及国家产业竞争战略都会影响一个国家（地区）产业结构升级的方向与步伐。本节重点分析了前三种核心因素对产业结构升级的作用机理，并简单探讨另外几种因素对产业结构升级的影响。

（一）高端人力资本

竞争优势理论指出产业升级依赖于要素禀赋决定的比较优势，以及需求条件、支持产业、企业战略与结构等决定的综合比较优势。通过对产业结构升级内涵分析后发现，升级过程涉及投入要素动态转变及不同要素密集度产业之间的不断转换，前者强调高级生产要素的培育与使用，后者强调通过要素投入结构的变化引起产业结构向更高层次的价值梯度移动，可见要素投入在产业结构升级中具有至关重要的作用。通常要素投入可以分为基本要素投入和高级要素投入两类。基本要素包括自然资源、非技术劳动力、物质资本、气候条件等要素；高级要素主要指高端人力资本、知识、技术能力、现代生产性服务要素等。尽管要素禀赋理论和竞争优势理论等都强调了要素丰裕度与要素禀赋结构对产业国际竞争力的重要作用，但相较于基本要素而言，高级要素与研发、设计、营销、售后、产品升级等高增值活动的结合更为紧密，因而成为企业通过要素投入获得持久产业竞争优势的更为重要的途径。其中，高端人力资本对产业结构升级进程和升级结果的影响成为相关研究的重点内容。

高端人力资本是劳动者素质的总和，也是知识、技能、经验等无形资产的载体。产业升级的微观主体是企业升级，而企业升级离不开高端人力资本积累。明塞尔（2001）指出高端人力资本积累能够提高要素边际生产率及生产过程的效率。冉茂盛和毛战宾（2008）认为人力资本积累能够促进其他生产要素集聚，而要素资源集聚效应能造成生产要素在产业之间的转移和配置，提高产业转换速度，从而促进产业结构升级。张国强等（2011）分析中国产业结构升级的经验后发现，人力资本与人力资本内部结构对中国东部地区产业结构升级具有促进作用。代谦和别朝霞（2006）发现人力资本不仅是生产过程的要素投入，还具备外部性，能够降低生产成本，提高研发效率，有利于发展中国家的动态比较优势培育和产业结构升级。此外，人力资本作为知识、技术的载体，能够通过强化溢出效应、干中学效应等促进知识积累，激发技术创新，对产业结构升级产生影响。总之，高端人力资本积累能够提升要素生产率，促进高级生产要素集聚，增强技术引进、技术消化吸收与技术创新能力，降低生产成本，促进比较优势培育，继而有助于国家（地区）改造传统产业，培育和创造新兴高技术产业，促进产业结构优化升级。

（二）技术能力

另一种对产业结构升级具有重要影响的高级生产要素是技术能力，包括技术创新能力、技术应用能力及技术知识，其最直接的表现形式是技术进步。Hobday（1995）对日本和韩国产业结构升级分析后认为，企业积累技术能力、实现技术创新是实现产业结构升级的基础。Gereffi（1999）、Gereffi 和 Humphrey（2005）强调企业学习的重要性，认为产业技术进步和产业国际转移是产业结构升级的重要动力。中国的大量研究认为创新能力和技术进步是产业结构升级的关键，通过改造旧产业，促进新产业涌现，通过技术进步推动产业结构由低形态向高形态渐进式升级，而技术取得突破式进展是产业结构实现跨越式升级的关键动力。

提高技术能力的途径可以分成两类。其一，内生性途径。通过内生技术积累与培育获得。获取内生技术能力的关键在于培育自主创新能力。

当然，强调培育自主创新并不意味着放弃技术引进，而是强化技术引进、消化、吸收之后的再创新能力。其二，外生性途径。通过国际贸易、外商投资、嵌入全球生产网络等外部途径获得。任何技术均具有局限性，直接引进适用性技术后还需进行“本土再开发”。加上发达国家对先进技术和高新技术的垄断与限制，后发国家越接近世界科技前沿就越不容易通过外生技术引进获得成熟技术，也就越需要依靠自主研发等内生途径来取得技术突破。因此，将两种途径结合起来，实现从外生技术引进、消化、吸收到自主创新、内生技术培育是后发国家获取技术升级的典型模式。许多国家的发展经验证实，依靠先进技术提升制造能力，减少资源禀赋对生产的制约，提高对消费者的满足能力是保持竞争优势的重要方式，也是淘汰落后产业，改造传统产业，推动新型产业形成的关键力量。可以说，技术能力升级通常与产业结构转型升级是一致的。

（三）市场需求

马克思经济理论认为消费决定生产，而需求结构决定生产结构和产业结构。钱纳里工业化理论指出需求规模是工业结构转换和工业发展的决定性因素。工业化是科技不断进步、经济不断发展、产业结构不断优化升级的过程，市场需求在其中扮演重要作用。王宇等（2013）分析发现“居民消费驱动型”产业发展有利于产业结构升级。姜泽华和白艳（2006）指出社会需求、科技进步、制度安排和资源禀赋是影响产业结构升级的最重要因素。在全球化经济条件下，需求不再局限于一国市场，通过国际贸易和投融资等方式扩展到全球范围，经济发展和产业结构调整升级过程受到全球市场需求的影响，需求规模扩张和需求结构优化都会影响产业结构升级。

从需求规模上看，一方面，全球市场需求规模不断扩张是新产业出现的必要条件，只有需求规模达到新产业的最低规模经济产量，新产业才能获得长期生存和发展空间；另一方面，斯密定理指出需求规模决定了社会分工的精细化程度，更大的需求规模有助于社会生产分工的细化，而分工细化则意味着效率提升，对产业结构升级具有良性驱动。从需求结构来看，需求结构的特征决定了相关产业和支持产业的发展程度。绿色消费兴起为新能源、新型材料和绿色制造产业带来了广阔的发展空间；信息消费需求扩张促使信息通信设备制造业、信息服务产业成为众多国家的支柱型产业；健康消费需求膨胀推动了生物制药产业、医疗保健产业的产值持续上升；差异化、个性化消费需求带动了文化创意产业、定制化产业的大范围兴起；闲暇消费促进了旅游、休闲、家政服务产业的快速发展。总体来看，当前初级产品与劳动密集型产品需求逐渐下降，知识技术密集型产品和服务产品需求快速增长，全球市场需求结构经历了从“简单化—复杂化—精细化与服务化”的变革。全球市场需求结构的变化进一步推动了大量新兴技术密集型产业的不断涌现和发展。此外，需求结构变动直接驱动供给结构和贸易结构发生相应变动，最终引发产业结构的优化调整。

（四）其他影响因素

除了高级投入要素、技术进步、全球市场需求等在经济全球化条件下影响产业结构升级的核心因素外，另有一些因素也会促进或者阻碍产业结构升级的步伐。下面简单梳理一下全球生产网络参与、全球价值链治理模式、国际贸易及国家产业竞争战略对产业结构升级的影响。

1. 全球生产网络参与

全球生产网络的出现标志着全球生产体系的重大变革，是对全球价值链发展、国际模块化生产、国际外包、国际垂直专业化分工等国际化生产现象的总体概括，主要特征是跨国公司通过在世界范围内投资建厂或建立“制造基地”，或利用模块化生产、业务外包等形式高效地在世界各地配置生产资源。而参与全球生产网络成为世界主要经济体充分发挥自身比较优势、扩大资源配置范围、优化资源配置效率、推进产业结构良性发展的重要选择。通过嵌入全球生产网络主动融入世界产业分工体系，不仅可以利用更大的市场，获得更先进的技术，还有助于改造自身禀赋条件，实现产业竞争力重塑。不少研究认为参与全球生产网络分工能够为参与国带来多方面的利得。刘志彪和张杰（2009）指出全球化背景下实施推动国家价值链与全球价值链协调发展的战略是实现产业升级的重要途径。参与全球生产网络意味着将本国产业发展与世界产业体系联系起来，通过一系列利益导向机制促进本国产业结构优化升级。"亚洲四小龙"的发展经验已经证实，参与全球生产分工网络是快速提升产业层次、实现产业升级的重要机遇。随着分工深入产品生产工序层面，原本技术与资本禀赋不具有产业之间和产业内部竞争优势的国家能够通过专业化于某个工序而加入国际生产分工体系，由此走出"简单产品组装和制造—复杂产品组装和制造—新产品研发"的新型产业升级之路。尽管部分研究认为参与全球生产网络可能导致某些国家锁定于低端环节，陷入产业升级陷阱，但不可否认的是全球价值链参与对产业结构升级具有重要影响。

2. 全球价值链治理模式

价值链分工模式下各国通过融入价值链的某些工序或环节参与全球生产，形成更为紧密的上下游生产关联。为保证整个链条的连续性和高效率，需要系统地协调各个环节的生产活动，全球价值链治理由此而来。Humphrey 和 Schmitz（2002）提出网络型、准层级型和层级型三种全球价值链治理模式。Gereffi 等（2005）提出市场型、模块型、关系型、领导型和层级型五种全球价值链治理模式。对 GVC 治理模式的有效区分是产业升级研究的基础之一，不同的价值链治理模式下产业结构升级途径和升级方式存在较大差异。一般认为在领导型和层级型价值链治理模式下，领导厂商和供应商之间的权力关系和话语权极不平等，属于控制和被控制的关系。因而供应商通常被限制在简单的加工装配生产环节，领导厂商则牢牢地控制了核心环节和知识产权，供应商难以获得和分享此类核心能力，实现产业结构升级的空间较小。而在模块型和关系型价值链治理模式下，供应商和购买商之间能力互补，势力较为均衡，信息、知识和技术交流频繁。嵌入这种 GVC 治理模式的供应商将获得理想的升级环境，有较大的机会实现向价值链高端攀升的升级。在市场型价值链治理模式下，供应商与购买商基于公平的市场价格建立上下游关系，理论上价值链中不存在升级的阻碍或帮助。但一些实证研究表明，市场型GVC治理模式有利于功能升级。总体来看，此种模式下制造商升级问题研究尚未形成定论。

3. 国际贸易

弗农的“产品循环说”认为产业结构变化受国际贸易的影响。国际贸易通过规模经济效应、市场竞争效应、生产率效应和技术溢出效应等影响产业结构升级。首先，国际贸易将市场范围从一个国家（地区）扩展至全球，有助于获取规模经济效益，降低生产成本。规模经济效应作为贸易利益的重要来源能为产业升级提供充足的资金来源。其次，国际贸易加剧了市场竞争，并且通过强化市场竞争效应提高了资源配置效率。研究证实国际市场竞争对优化资源配置并提高资源配置效率起到了重要作用。其中，Melitz（2003）认为贸易自由化使企业直接面临国际竞争者，在优胜劣汰市场竞争机制的作用下，只有生产效率最高的企业或产业才能从市场和资源争夺中取胜，获得市场份额的提升，而低效率企业将退出市场。这些促进了企业生产率和资源配置效率的提升，理论上会对产业结构升级产生正面影响。最后，国际贸易不仅有助于提升开放型经济的发展水平，而且将创造巨大的开放红利。一方面，高技术进口产品作为国外先进技术的载体为本国提供了模范、学习、复制、再创新的机会与途径，进而有助于强化技术溢出效应；另一方面，国际贸易能够通过“边进口边学习”效应和示范效应促进生产率提升。此外，国际贸易还有助于产业实现国际转移和流转，加快产业转型换代步伐，对产业结构升级产生积极影响。

4. 国家产业竞争战略

为了在国际竞争中取胜，各国必须充分考虑国际和国内经济发展态势，从国家层面对产业体系建立、产业结构调整、产业空间布局、产业发展定位等进行科学规划和战略定位。林毅夫（2011）提出市场是资源配置最有效的机制，但在市场机制之外还需政府在推动产业结构升级过程中发挥积极作用。随着各国对产业发展愈加重视，产业政策调整力度加大，国家产业竞争战略也成为产业升级的重要影响因素。现阶段世界主要国家产业发展战略都强调重点扶持、优先发展战略性新兴产业，包括加大对战略性产业的要素配置支持和技术发展支持，加强对高端产业的重点培育和发展等。相关研究认为国家产业竞争战略是产业发展的重要助力。冯梅（2014）指出国家战略指导有助于资源投入的触发效应与乘数效应发挥，企业战略和生产结构将会进行相应调整，某些产业将会替代另一些产业获得更多的发展机会，而那些未获支持的产业发展较慢，并逐渐遭遇淘汰，产业结构实现升级。此外，科学、全面的产业竞争战略助于处理市场和政府之间的关系，提高资源配置效率，并且作为弥补市场失灵的制度安排对产业结构升级发挥积极影响。

第三节　本章小结

本章是制造业服务化和产业结构升级的相关理论综述。通过制造业服务化相关研究文献梳理，对制造业服务化的内涵和三种主要服务化生产模式类型进行了清晰界定；动因分析认为追求绩效最大化、获取竞争优势、稳定客户关系是制造业服务化变革的内在动力，资源价格上升、价值链分工深化、知识经济和环境规制是制造业服务化推进的外在动力；通过经济效应分析发现对现有制造业服务化现象的研究还限定在实施服务化模式的企业，有待拓展至宏观产业发展层面。此外，本章还对产业结构升级的内涵进行了清晰界定，对产业结构合理化、高级化评估体系进行了比较分析；通过对产业结构升级影响因素的分析发现高端人力资本、技术能力和市场需求对产业结构升级具有重要影响。

CHAPTER 3 第三章

制造业服务化与产业结构升级的现状分析

本章通过对世界主要国家（地区）制造业整体、制造业分行业的服务化发展现状和变动趋势的分析，总结各国（地区）制造业服务化变革的关键特征。在此基础上，重点分析中国制造业服务化发展水平和区域差异，探讨导致地区制造业服务化发展差异的主要原因。接着，从结构调整视角，通过构建指标对主要国家（地区）产业结构合理化、高级化程度进行测算，分析这些国家（地区）产业结构布局和产业发展形态的统计性事实，全面呈现各国（地区）产业结构现状和关键特征。最后，识别和评估中国产业结构升级现状。

第一节　制造业服务化进程：指标构建和定量测算

一、制造业服务化的指标构建

本书在梳理和总结相关文献的基础上，将制造业服务化界定为“通过流程设计和能力创新，实现服务投入比重和服务产出比重扩大，以获得价值增值的制造业生产模式”。因而，可以从“服务投入比重”或“服务产出比重”两个角度构建指标衡量制造业服务化。考虑到准确核算制造业服务产出的难度较大，本书参考大多数相关研究的做法，从投入服务化角度核算制造业服务化发展程度。本书选取完全消耗系数作为制造业服务化衡量指标，测算 j 制造业行业生产 1 单位最终产品对 i 服务部门的直接和间接消耗之和。完全消耗系数计算公式如下：

$$b_{ij} = a_{ij} + \sum_{k=1}^{n} a_{ik}a_{kj} + \sum_{l=1}^{n}\sum_{k=1}^{n} a_{il}a_{lk}a_{kj} + \cdots \quad (3.1)$$

其中：a_{ij} 为 j 制造业行业对 i 服务部门的直接消耗系数，$\sum_{k=1}^{n} a_{ik}a_{kj}$ 为 j 行业经 k 行业对 i 服务部门的消耗，即第一轮间接消耗；$\sum_{l=1}^{n}\sum_{k=1}^{n} a_{il}a_{lk}a_{kj}$ 为 j 行业经 k 行业、l 行业对 i 服务部门的消耗，即第二轮间接消耗，以此类推……

将 j 制造业行业对所有服务部门的完全消耗系数加总，得到 j 行业的服务化水平，即：

$$servitization_j = \sum_{i} b_{ij} \quad (3.2)$$

算得各制造业行业服务化水平后，利用各制造业行业产值占一个国家（地区）制造业总产值的份额为权重，加权得到一个国家（地区）制造业总服务化水平：

$$servitization_c = \sum_i \frac{output_{cj}}{output_c} * servitization_j \qquad (3.3)$$

WIOD 数据库提供 43 个国家（地区）2000—2014 年投入产出表数据，覆盖全球价值链分工三大区块的主要国家（地区），即东亚区的中国、日本、韩国、印度尼西亚等；北美区的美国、加拿大和墨西哥；欧盟区 28 个主要国家（包括英国）。此外，还包括巴西、印度和俄罗斯等金砖国家及澳大利亚、挪威、土耳其、瑞士等典型国家。本书以其中 42 个国家（地区）为样本展开研究。WIOD 数据库执行 ISIC Rev.4 行业划分标准，包含 56 个行业（其中制造业 19 个、服务业 29 个）①。

由于部分国家的某些服务行业产值为零，为测算完全消耗系数，首先对照国际标准产业分类第四版（ISIC Rev4.）与国际标准产业分类第三版（ISIC Rev3.）的详细内容，进行主要服务行业的归并与加总处理，包括：将行业 G45-G47 归并为批发与零售服务业②；行业 H49-H53 合并为运输与仓储服务业③；行业 J58-J63 合并成信息与通信服务业④；行业 K64-K66 归并成金融与保险服务业⑤；行业 M69-M75 合并为专业与科技

---

① A01-A03：农林牧渔业；B：采矿业；C 大类下为 19 个制造业行业；D35：电、煤气、蒸汽和空调供应业；E36：供水、污水处理、废物管理和补救业；F：建筑业；以及 29 个服务性行业。

② G45：汽车和摩托车批发、零售贸易和修理；G46：批发贸易（汽车和摩托车除外）；G47：零售贸易（汽车和摩托车除外）。

③ H49：陆上运输和管道运输；H50：水路运输；H51：航空运输；H52：仓储和运输支持服务；H53：邮政和快递服务。

④ 最新 WIOD 按照 ISIC Rev.4 行业标准编制。增加了“信息和通信业”门类。整合了部分之前列入“制造业”“交通运输、仓储和邮电通信业”“房地产、租赁及相关商业服务”和“其他服务”的活动。J58：发布活动；J58-J60：电影、影视节目制作、录音、音乐出版活动、编程和广播活动；J61：电信服务；J62-J63：计算机程序设计、咨询及相关活动、信息服务活动。

⑤ K64：金融服务（保险和养老基金除外）；K65：保险、再保险和养老金服务（除强制性社会保障外）；K66：金融和保险服务的辅助服务。

服务业[①]。以上归并处理后，再根据公式（3.1）~公式（3.3）测算样本国家（地区）历年制造业服务化水平。

二、制造业服务化的测算结果及分析

（一）制造业整体层面服务化测算结果及分析

图3-1是2014年和2000年世界主要国家（地区）制造业服务化水平和排名。可见，2014年欧盟区内除塞浦路斯、斯洛伐克和立陶宛三国外，其他国家制造业整体服务化水平皆超过了50%，并且制造业服务化水平最高的15个国家（地区）均是欧盟国家。这些国家（地区）制造业整体服务化水平普遍超过60%，其中，卢森堡、比利时、马耳他、爱尔兰、希腊、法国和拉脱维亚7国更达到70%以上。这表明欧盟发达国家制造业部门生产过程对服务业和服务中间品的依赖度已经远远超过工业和农业部门，这也意味着服务要素在制造业生产中的重要性超过了物质要素。

相比之下，亚洲国家（地区）制造业整体服务化水平普遍偏低。2014年中国、日本、韩国、印度、印度尼西亚的制造业整体服务化水平均低于50%，中国制造业服务化水平排名第36位。从变化趋势上看，2000—2014年有11个样本国家（地区）制造业服务化水平呈现下降或维持不变的趋势；剩下31个样本国家（地区）制造业服务化水平皆得到提升。其中，俄罗斯、中国、巴西、印度等国家的制造业服务化水平增幅超过10%。服务化已然成为发达国家和发展中国家制造业生产模式变革的普遍现象。尽管少数发达国家在2008—2009年国际金融危机期间制造业整体服务化水平有很小幅度的下降，但随着制造业的复苏，制造业服务化水平又快速回升。

2000年中国制造业整体服务化水平为42.62%，在42个样本国家（地区）中排名第36位；2004年中国制造业整体服务化水平为48.37%，尽

① M69-M70：法律和会计活动、管理咨询活动；M71：建筑和工程活动、技术测试和分析；M72：科学研究和发展；M73：广告和市场研究；M74-M75：其他专业科技活动。

管有一定幅度的提高，但中国作为制造业大国，服务化发展水平在样本国家中的排名依旧落后，与主要工业化国家之间有一定差距。本书认为导致中国制造业服务水平落后的原因是多方面的，如国内依旧以传统物质产品为主导的市场消费特征，先进制造技术和服务业发展技术不够成熟完善，专业化第三方服务机构和服务人员不足，信息产业与现代管理技术相对落后，政府在服务业市场准入、服务业标准制定、知识产权保护等方面的引导与管制历程相对较短等都可能在一定程度上限制中国制造业进行服务化生产模式调整。

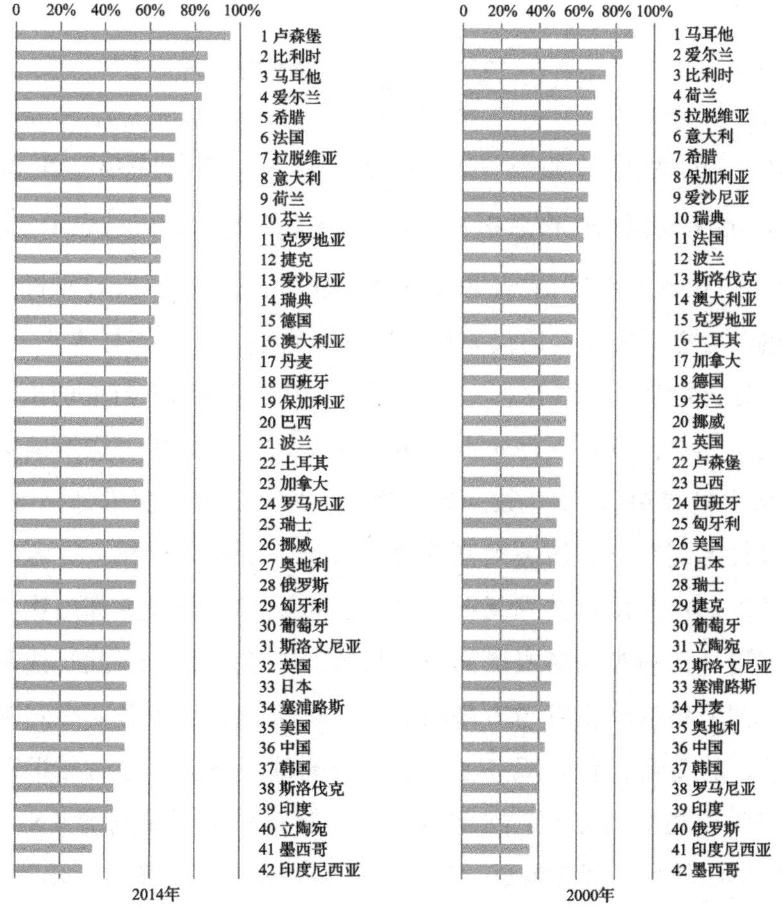

资料来源：笔者根据 WIOD 数据库计算整理。

图 3-1　2014 年和 2000 年世界主要国家（地区）制造业服务化水平和排名

为了分析以上国家（地区）制造业中融入的服务要素类型和结构，以便更准确地识别各国（地区）服务化生产模式的特征，首先利用出口产品技术复杂度指标测算五个主要服务部门的技术复杂度。产品技术复杂度与主要从事这类产品或生产阶段生产与出口的国家平均收入水平显著相关。按照 Hausman 等（2007）提出的出口技术复杂度模型，某类出口产品的技术复杂度为出口该类产品的各国人均国民生产总值的加权平均值，权重是各国该产品的 Balassa 显示性比较优势指数。因此，利用产品出口贸易份额为权重，与各国人均收入水平相乘得到产品技术复杂度指标。计算公式为：

$$ETC_t^i = \sum_i \left[\frac{E_{ct}^i / E_{ct}}{\sum_{ct} (E_{ct}^i / E_{ct})} * PGDP_{ct} \right] \tag{3.4}$$

其中，E_{ct}^i 为 c 国 t 期 i 产品的出口额，E_{ct} 为 c 国 t 期总出口额，$PGDP_{ct}$ 为 c 国 t 期人均国民生产总值，权重 $(E_{ct}^i/E_{ct})/\left[\sum_{ct}(E_{ct}^i/E_{ct})\right]$ 表示 c 国 t 期 i 产品出口比例与世界 i 产品出口比例的比重，即 Balassa 显示性比较优势指数。考虑所选样本的代表性和数据可得性，以本书样本中 42 个经济体为分析对象，根据公式（3.4）计算 2014 年各服务行业的出口技术复杂度。其中，各服务行业出口额来自 WIOD 数据库，样本国家人均 GDP 来自世界银行 WDI 数据库。表 3-1 为 5 个主要服务部门 2014 年的出口技术复杂度和服务类别划分。可见，专业与科技、信息与通信服务部门的产品出口技术复杂度最高；金融与保险服务部门次之；批发与零售、运输与仓储服务部门的技术复杂度最低。因此，按照技术复杂度测算结果将批发与零售服务业、运输与仓储服务业界定为低端服务业，将专业与科技服务业、信息与通信服务业、金融与保险服务业界定为中高端服务业。在此基础上，测算样本国家制造业对以上 5 个服务部门的完全消耗系数，分别定义为“专业与科技服务化”“信息与通信服务化”“金融与保险服务化”“批发与零售服务化”“运输与仓储服务化”。根据制造业中融入的服务要素种类不同，考察制造业服务化特征。

表 3-1 5 个主要服务部门 2014 年的出口技术复杂度和服务类别划分

服务类别	服务部门	ISIC Rev.4 代码	服务行业技术复杂度
中高端服务业	专业与科技服务	M69 ～ M75	35718.79
	信息与通信服务	J58 ～ J63	34858.52
	金融与保险服务	K64 ～ K66	34367.86
低端服务业	批发与零售服务	G45 ～ G47	29553.29
	运输与仓储服务	H49 ～ H53	26761.47

资料来源：笔者计算整理。

2014 年大部分样本国家（地区）的制造业批发零售服务化程度超过 15%，运输与仓储服务化程度超过 10%，但是，信息与通信服务化不足 4%，金融与保险服务化不足 6%，专业与科技服务化不足 8%。这表明当前全球制造业服务化生产模式调整以投入批发与零售、运输与仓储类服务要素为主，中高端服务要素投入比重相对较低。对比发达国家和发展中国家制造业服务化构成发现，发达国家制造业的中高端服务化程度较高，并且增幅巨大。2014 年主要发达国家中高端服务化水平普遍超过 30%，部分发达国家接近 40%。相比之下，发展中国家制造业的中高端服务化程度普遍不足 15%。值得一提的是，样本期间中国中高端服务化水平增幅接近 50%，2014 年达到 17.78%。尽管信息与通信服务化仅为 1.3%，但金融与保险服务化、专业与科技服务化均达到了 8% 左右，这意味着中国制造业吸收了越来越多的高端服务要素投入。表 3-2 是主要国家（地区）制造业五类服务化水平测算结果。

表 3-2　主要国家（地区）制造业五类服务化水平测算结果

（单位：%）

国家（地区）	年份	批发与零售服务化	运输与仓储服务化	信息与通信服务化	金融与保险服务化	专业与科技服务化	中高端服务化水平
中国	2000	15.42	10.85	2.10	4.64	2.78	9.52
	2008	9.40	8.68	1.84	5.57	6.67	14.08
	2014	13.50	9.50	1.30	7.86	8.62	17.78
印度	2000	13.51	9.94	2.68	6.81	1.63	11.12
	2008	15.31	10.97	2.34	6.57	1.35	10.26
	2014	18.13	10.78	2.76	6.60	1.72	11.08
巴西	2000	16.02	9.28	3.59	5.59	7.89	17.07
	2008	17.33	10.11	3.56	5.80	7.62	16.98
	2014	19.58	10.71	3.32	5.79	8.38	17.49
俄罗斯	2000	22.47	5.54	1.46	0.64	…	2.1
	2008	23.61	7.39	1.78	1.72	…	3.5
	2014	26.87	8.67	1.63	2.26	…	3.89
墨西哥	2000	13.18	4.37	0.78	1.44	3.05	5.27
	2008	13.81	4.03	0.83	1.92	3.04	5.79
	2014	14.80	4.57	0.73	2.27	3.39	6.39
日本	2000	14.95	6.56	4.54	6.67	6.53	17.74
	2008	17.11	9.15	5.01	7.70	8.36	21.07
	2014	29.34	17.06	9.03	12.36	15.24	36.63
美国	2000	10.45	5.29	3.84	5.83	10.26	19.93
	2008	10.39	6.29	2.93	4.64	10.64	18.21
	2014	22.05	13.49	7.74	7.96	25.31	41.01
德国	2000	11.49	9.89	3.94	4.12	11.55	19.61
	2008	12.54	12.22	4.69	4.47	12.33	21.49
	2014	20.12	19.26	7.66	7.34	18.94	33.94
英国	2000	20.26	7.81	4.28	5.39	6.14	15.81
	2008	20.88	8.11	4.26	7.07	7.65	18.98
	2014	23.92	16.39	8.97	14.02	16.53	39.52
法国	2000	12.45	7.76	4.67	5.93	15.08	25.68
	2008	14.90	8.79	5.32	6.55	17.98	29.85
	2014	22.55	13.18	5.90	9.94	20.67	36.51

资料来源：笔者计算整理。

制造业服务化水平和制造业服务化构成变化，反映了相关国家（地区）价值链嵌入战略和产业调整战略的改变。从产业调整角度来看，“去工业化”战略促使发达国家制造业向新兴工业国家转移，以金砖国家为代表的发展中国家制造业快速崛起；而发达国家转向金融、房产等服务型经济，制造业服务化程度远高于发展中国家。2008 年国际金融危机过后发达国家实施“制造业回流”战略导致制造业总服务化水平有所下降，但进一步分析，发展制造业回流并没有降低发达国家制造业中高端服务的投入比重，相反，加强了这些国家（地区）通过制造业对中高端服务市场的组织和控制，保证这些国家（地区）继续在研发创新和终端市场上积累优势。从价值链嵌入角度来看，发达国家把控制造业价值链的两端环节，在中高技术复杂度制造业（计算机、电子、光学、电气、机械设备）的知识技术密集型研发、营销等环节较为专业。在制造业和服务业匹配融合过程中，这些行业和生产环节需要更大比例的中高端服务投入，因而发达国家制造业中高端服务化程度明显高于其他国家。

（二）制造业分行业层面服务化测算结果及分析

制造业行业的自有属性决定了其生产中吸收的服务要素种类和数量有所差异。为了准确识别各国（地区）制造业分行业服务化现状和变化特征，参考 OECD 制造业技术水平划分方法，按技术层次将 WIOD 数据库 18 个制造业区分为中高技术制造业和低技术制造业，如表 3-3 所示。

表 3-3　按技术水平划分制造业的结果

制造业行业分类	制造业行业名称
中高技术制造业（7 个）	基本医药和医药制剂制造业；计算机、电子产品和光学产品制造业；电力设备制造业；未另分类的机械设备制造业；汽车、挂车和半挂车制造业；其他运输设备制造业；化学和化工品制造业
低技术制造业（11 个）	食品、饮料和烟草制造业；纺织、服装和皮革产品制造业；木材、木制品制造业（家具除外）；纸和纸制品制造业；印刷及复印制造业；炼焦和精炼石油品制造业；橡胶和塑料品制造业；其他非金属矿物品制造业；基本金属制造业；金属制品制造业（机械设备除外）；家具和其他制造业

资料来源：笔者整理。

利用公式（3.1）和公式（3.2）测算样本国家（地区）制造业分行业服务化水平发现：

第一，中高技术制造业的服务化水平高于低技术行业，但服务化增幅小于低技术行业。发达国家中高技术制造业服务化程度超过60%，发展中国家超过40%，但后来中高技术行业服务化变化幅度较小，未出现进一步上升趋势。相反，尽管各国（地区）低技术制造业服务化水平较低，但呈现了明显的增长趋势。图3-2和图3-3分别为主要国家（地区）木材木制品制造业与汽车制造业的服务化水平。

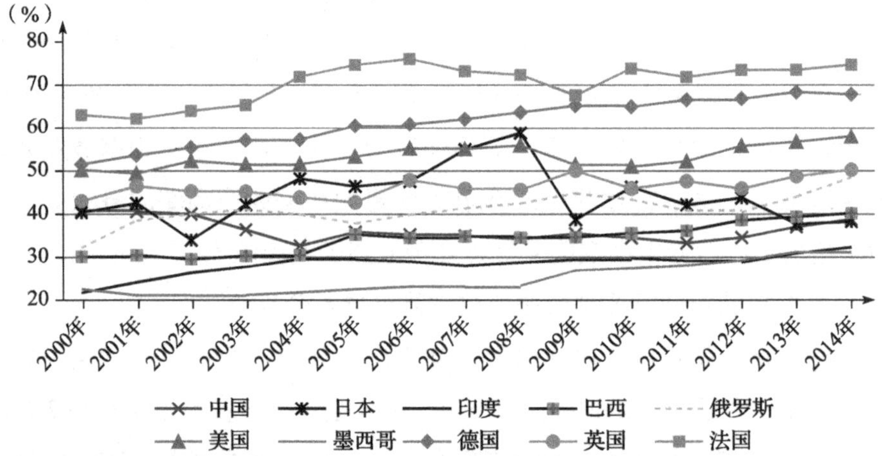

图 3-2 主要国家（地区）木材木制品制造业的服务化水平

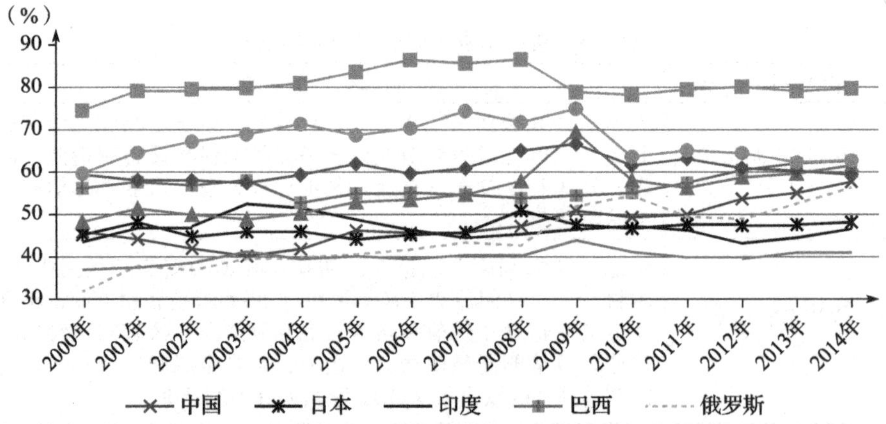

图 3-3 主要国家（地区）汽车制造业的服务化水平

第二，中高技术制造业投入更高比例的中高端服务要素，低技术制造业投入更多低端服务。中高技术制造业（如计算机、电子和光学设备制造业、电气设备制造业、机械设备制造业、汽车制造业及医药产品制造业）的中高端服务化比重已经接近50%。这表明高技术制造业生产中投入了越来越多的高端服务，这是高技术制造业与高端服务业匹配融合的结果。低技术制造业（如食品饮料和烟草制造业、纺织服装和皮革产品制造业、木材和木制品制造业等）的低端服务化程度远高于高端服务化程度，表明低技术制造业与低端服务业的融合程度较高。以上特征在发展中国家表现得尤为突出，发展中国家低技术制造业的低端服务化比重超过60%。总之，高技术制造业的高端服务化程度有所提高，但低技术制造业仍然以低端服务化为主。

中高技术制造业在原料筛选、采购、使用、处理、产品生产、质量控制等环节都具备更强的专业性，需要更多专用性中间投入服务。例如，产品研发阶段的科研和专业科技投入，产品标准制定阶段的法律、管理和咨询服务投入，生产控制阶段的测算和分析服务投入，销售阶段的专业化营销策略投入等。在中高技术制造业生产过程中对产品把控和科技创新有更严格的要求，并且面临瞬息万变的市场，这些决定了这类制造业对信息与通信、专业与科技服务的较强依赖性。低技术制造业生产过程中使用更多的通用性原料，有成熟的产品控制标准，因而对专用性服务依赖性降低，转而需要大量的货运、仓储、零售等基础性中间投入服务。对样本国家分行业制造业服务化水平测算结果，证实了制造业服务化水平及特征具有行业差异。

三、中国制造业服务化：定量分析

制造业服务化是衡量经济和产业发展水平的重要因素。改革开放以来，中国相继在农业和工业领域推动一系列改革。经过多年的努力，当前中国已经在制造业与第二产业上实现了对美国等发达国家的赶超。可是，由于历史、经济发展阶段等原因，中国在第三产业发展上与主要发达国家之间还存在一定差距。进一步分析可以发现，尽管中国第三产业发展水平较为滞后，但是在金融、信息、交通运输等现代服务产业取得高速发展，促使中国第三产业结构愈发合理。第三产业发展水平滞后在一定程度上能够解释中国制造业服务化发展进程相对落后，而新兴现代服务产业的快速崛起，又保证了中国制造业能够吸收越来越多的中高端服务业，从而出现制造业中高端服务化水平不断上升的趋势。

但是，中国不同省、自治区、直辖市之间的经济特征和服务业发展程度历来存在较大差异。东部地区经济发展水平高，受改革开放的政策倾斜，较早拥有了比较完善的服务业发展体系，现代金融、互联网信息产业、高新技术研发产业蓬勃发展。而中、西部地区依旧以传统制造业为主，经济基础和产业基础较为薄弱，地方政府对先进服务业发展的政策和财政支持力度不够，加上服务人才较为缺乏，服务业创新体制和环境有待提高等，导致中西部地区的服务业发展明显滞后。为了直观地呈现中国区域服务业的发展差异，分别从服务业产值和服务业增加值①两个方面进行分析。

图 3-4 为中国各地服务业产值占地区 GDP 的比重。整体上看，不同省、自治区、直辖市之间服务业产值比重差距较大，北京和上海的服务业产值份额最高，2016 年达到了 70% 以上；河南、陕西、安徽等省仅为 40% 左右。按照三大经济带划分则东部省市服务业产值比重（多位于 40% ～ 60%）高于中西部省市（多位于 30% ～ 50%），2016 年东部地区 12 个省份中有 8 个省份的服务业产值份额超过 50%，而中西部 19 省

① 中国 31 个省、自治区、直辖市的服务业产值份额来自《中国统计年鉴》；30 个（西藏自治区除外）省、自治区、直辖市 2002 年、2007 年和 2012 年服务业增加值份额根据《中国区域投入产出表》计算得到；2016 年服务业增加值份额根据《中国统计年鉴 2017》计算得到。

份中只有4个达到了50%。此外，从图3-4可以发现2002—2007年中国不少地区的服务业产值比重有小幅下降；2007—2012年又有所回升；到2016年基本上所有省、自治区、直辖市的服务业产值比重都得到了大幅提高。

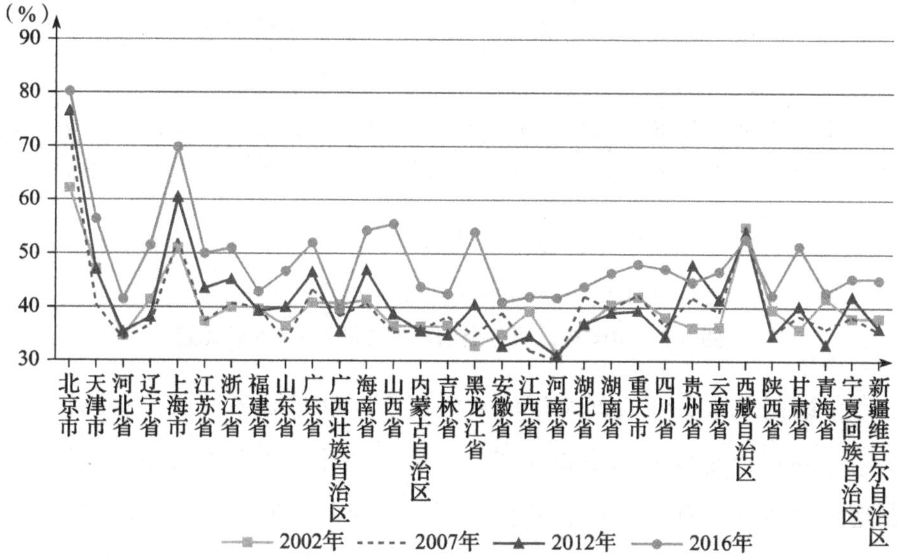

图3-4　中国各地服务业产值占地区GDP的比重

图3-5为中国各地服务业增加值占地区GDP的比重。不同地区服务业增加值份额同样存在明显差距，总体上看东部地区的服务业增值份额高于中西部地区，2016年东部地区12省份中有8个服务业增值份额超过50%，中西部18个省份中只有山西、黑龙江和甘肃三省超过50%，其他15个省份均不足50%。另位，对比图3-4和图3-5不难发现2002年、2007年和2012年各省份服务业增加值份额高于相同年份的产值份额。比如，2012年仅有13个省份服务业产值份额达到或超过40%，但从增加值看除河南以外所有省份均高于40%。但是2012—2016年，除贵州省和西藏自治区以外，所有省份的服务业产值份额均出现了大幅上升，然而，在此期间大部分省份的增加值份额却保持不变或出现小幅下降。

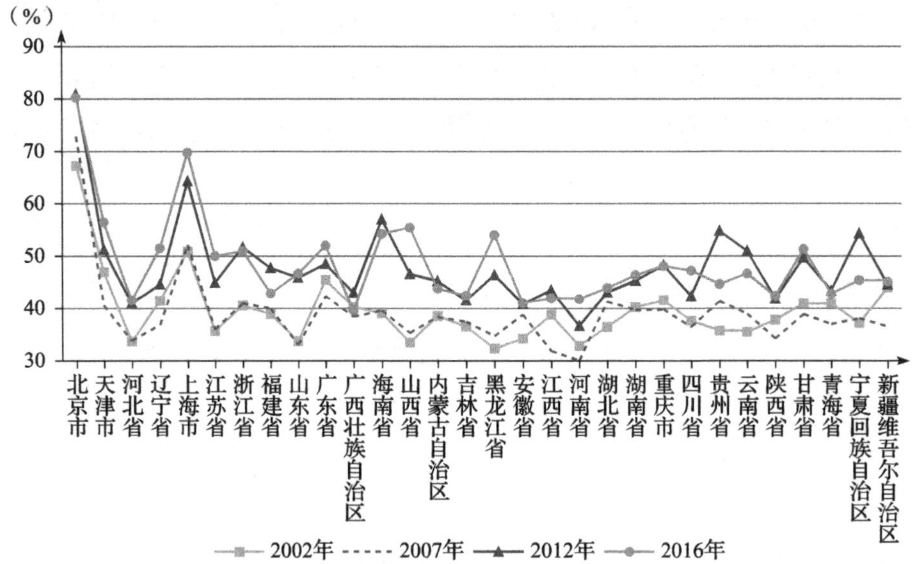

图 3-5 中国各地服务业增加值占地区 GDP 的比重

中国区域服务业发展水平的差距极有可能导致不同省、自治区、直辖市之间制造业服务化发展程度和特征的差异。为了更清晰地掌握中国制造业服务化发展的特征，此处利用 2002 年、2007 年和 2012 年《中国地区投入产出表》计算各省、自治区、直辖市制造业服务化水平。测算前对中国地区投入产出表进行简单的行业归并，将“交通运输及仓储业”与“邮政业”归并为“运输仓储和邮政业”；将“研究与试验发展业”与“综合技术服务业”归并为“研发技术业”。归并处理后，测算中国地区投入产出表中 16 个制造业行业对 14 个服务业部门的完全消耗系数，作为行业层面制造业服务化水平，再以各制造业行业产值占制造业总产值的比重为权重，加权得到省、自治区、直辖市层面制造业投入服务化水平。

图 3-6 为中国各地制造业服务化测算结果①。不难发现，不同省、自治区、直辖市制造业服务化发展水平存在比较明显的差异。北京、天

① 由于西藏自治区在 2012 年才编制第一张地区投入产出表，因而西藏自治区没有 2002 年和 2007 年投入产出数据，无法计算 2002 年和 2007 年西藏自治区的制造业服务化水平，因而此处分析不包括西藏自治区。

津、辽宁、上海、浙江、福建、山东、广东等东部省市的制造业服务化水平较高。山西、吉林、河南、湖北、重庆、甘肃等中西部省、自治区、直辖市的服务化水平较低。总体而言，按照三大经济带划分，则东部地区制造业服务化水平大多在 30% ～ 70%，高于中部和西部地区（多

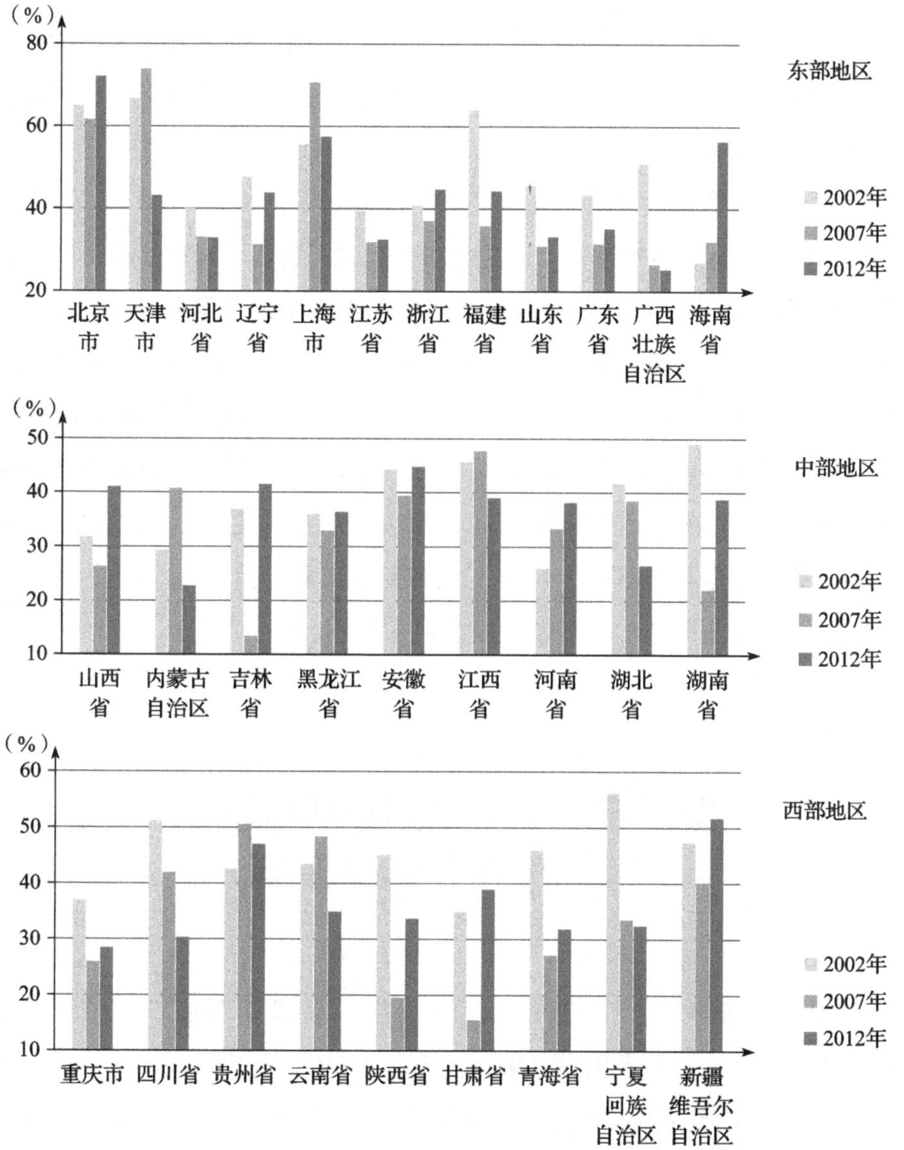

图 3-6　中国各地制造业服务化测算结果

位于 20% ～ 50%)。各经济带内部不同省、自治区、直辖市之间的制造业服务化水平也存在较大差异。在东部地区 12 省市中，北京、天津和上海三个直辖市在 2002 年、2007 年及 2012 年的制造服务化水平超过或接近 60%，剩余 9 个省份除福建 2002 年超过 60%，海南 2012 年超过 55% 外，其余省份制造业服务化水平均不足 50%。在中西部地区 18 个省、自治区、直辖市中，只有安徽、江西、贵州和新疆维吾尔自治区在测算的三个时间点上的制造业服务化水平接近或超过 40%，其他省、自治区、直辖市大多不足 40%。

从不同年份制造业服务化水平变化趋势来看，2002—2007 年有 22 个省、自治区、直辖市的制造业服务化水平出现了明显下降；2007—2012 年有 19 个省、自治区、直辖市的制造业服务化水平出现了明显上升；但是 2002—2012 年 10 年间只有 11 个省、自治区、直辖市的制造业服务化得到了提升，剩下 19 个省、自治区、直辖市的服务化水平均出现了下降。可以推测 2008 年国际金融危机对中国各省、自治区、直辖市的制造业服务化发展趋势造成了负面影响。尽管危机过后部分省、自治区、直辖市的制造业服务化水平在一定程度上得到了恢复，但另一些省、自治区、直辖市的制造业服务化水平还有较大回升空间。

第二节　产业结构升级现状：指标构建及定量测算

本节通过测算产业结构合理化程度、高级化程度从“结构优化调整”视角分析主要国家（地区）产业结构升级现状和产业发展特征，且通过国际比较对中国产业结构升级现状进行较清晰的识别和定位。

一、产业结构升级的指标构建

（一）产业结构合理化核算指标

基于对多种产业结构合理化评估标准与方法的比较，本书认为结构优化标准更能反映产业结构合理化的内涵。因此，参考徐德云（2008）、徐敏和姜勇（2015）等，利用三次产业产值占国民生产总值的加权份额度量产业结构合理化程度的方法，构建能够更加准确地反映产业结构合理性的度量指标。在全球价值链分工生产模式下，各国实际增加值与行业产值之间具有不一致性。大量研究认为增加值能更准确地衡量一定时期内生产活动新创造的价值，因此总产值核算指标正逐渐被增加值核算指标代替。在能够获得产业增加值数据的情形下，以增加值核算指标代替产值指标更能反映价值链分工的特征。WIOD 各国投入产出表提供了各产业增加值数据，因此度量国家层面产业结构升级时，本书利用增加值份额代替产值份额对徐敏和姜勇的产业结构合理化指标进行优化，重新构建如下所示产业结构合理化度量指标。

$$RIS = \sum_{i=1}^{3} \frac{addv_i}{addv} * i \quad (3.5)$$

其中，$addv_i$ 表示第 i 产业增加值，addv 表示三次产业总增加值。样本国家各产业增加值和三次产业总增加值根据 WIOD 投入产出表计算得到。由公式（3.5）可知，产业结构合理化指标 RIS 的数值范围在 [1, 3] 之间，数值越大表明产业结构布局越合理。

产业接近或偏离平衡的程度也是评估产业结构合理化的重要标准。基于产业平衡思路，干春晖等（2011）利用泰尔指数构建的产业结构合理化指标，是另一种比较常用的产业结构合理化核算方法。泰尔指数计算公式如下：

$$TL=\sum_{i=1}^{n}\frac{Y_i}{Y}\ln\left(\frac{Y_i}{L_i}\Big/\frac{Y}{L}\right) \tag{3.6}$$

其中，Y_i 表示一国 i 产业的产出水平，Y 表示该国所有行业的总产出；L_i 表示一国 i 产业的就业人数，L 表示该国所有行业的总就业人口。因此，Y_i/L_i、Y/L 分别表示 i 产业部门劳动生产率和所有部门平均劳动生产率。古典经济学理论认为，在经济均衡状态下各部门劳动力生产相等。按照这一思路，若社会经济结构、产业结构越均衡，则由公式（3.6）计算的泰尔指数值越趋近于零；若社会经济和产业结构越偏离均衡，则以上指数值越接近于 1。因而，泰尔指数能够度量产业结构合理性水平。同样，考虑到在全球价值链分工生产背景下，产业实际增加值与产值之间具有不一致性，本书以增加值代替产值对公式（3.6）进行简单优化，得到另一个产业结构合理化指标：

$$TLRIS=\sum_{i=1}^{n}\frac{adv_i}{adv}\ln\left(\frac{adv_i}{L_i}\Big/\frac{adv}{L}\right) \tag{3.7}$$

公式（3.7）中 adv_i/L_i 和 adv/L 分别表示 i 产业部门单位劳动增加值率和所有部门的平均劳动增加值率，adv_i/adv 表示 i 产业的增加值占该国所有行业总增加值的份额。

徐敏和姜勇（2015）构建的产业结构合理化指标注重三次产业之间的相对权重关系与布局情况，干春晖等（2011）构建的产业结构合理化指标则注重反映要素投入与产出之间的耦合性关系。为了更准确地评估产业结构合理化，在现状分析部分同时利用以上两个指标度量产业结构合理化。其中，以三次产业增加值的加权平均构建的产业结构合理化指标（RIS）越大，表明产业整体布局越合理；以不同产业部门劳动生产率构建的产业结构合理化指标（TLRIS）越小，说明产业结构越接近均衡。

（二）产业结构高级化核算指标

产业结构高级化的内涵比较宽泛，重点强调产业结构从低形态向高形态、低附加值向高附加值发展。实证研究中对产业结构高级化的核算多遵循

“主导产业由低形态向高形态攀升，优势产业比重提高”的界定，以“第三产业产值与第二产业产值之比”衡量产业结构高级化发展程度。例如，巫强和刘志彪（2007）、王立国和赵婉妤（2015）等以“第三产业产值在GDP中占比与第二产业产值在GDP中占比的比重”衡量。遵循这一思路，且考虑价值链分工条件下增加值核算指标度量准确度更高的现实，本书以“第三产业增加值与第二产业增加值之比”重新构建产业结构高级化指标：

$$OIS = addv_3/addv_2 \tag{3.8}$$

公式（3.8）中 $addv_3$ 和 $addv_2$ 分别为服务业增加值占总增加值的比重、工业增加值占总增加值的比重。

除了三次产业之间的形态升级，产业结构高级化还包括某个产业内部结构从低附加值为主导到高附加值为主导的发展过程。为了综合评估产业结构高级化的发展程度，本书还从制造业和服务业内部技术构成变化的视角，根据技术密集型制造业、现代先进生产性服务业发展情况，通过以下方法构建“制造业高级化”和“服务业高级化”度量指标，以进一步分析主要国家（地区）产业结构高级化的特征。

（1）利用“中高技术密集型制造业增加值占制造业总增加值的比重”衡量制造业内部产业构成由劳动密集型向资本、技术密集型转变的产业结构高级化发展过程（简称制造业高级化）。

$$IndusOIS = \text{中高技术密集型制造业增加值} / \text{制造业总增加值} \tag{3.9}$$

（2）利用“生产性服务业增加值占服务业总增加值之比”衡量服务业内部产业构成由生活性服务业向生产性服务业转变的产业结构高级化发展过程（简称服务业高级化）。

$$ServiOIS = \text{生产性服务业增加值} / \text{服务业总增加值} \tag{3.10}$$

关于中高技术密集型制造业的范围，相关研究通常遵循OECD制造业技术水平划分标准，将制造业划分为中高技术制造业与低技术制造业。本书同样参照这一标准，将医药制造业、计算机电子和光学产品制造业、电力设备制造业、未另分类的机械设备制造业、汽车挂车和半挂车制造业、其他运输设备制造业、化学和化工品制造业 7 个制造业行业界定为中高技术制造业，将余下的 11 个制造业行业定义为低技术制造业。关于生产性服务业的范围，不同国家（地区）和国际组织的界定标准不同，一国之内不同机构的界定范围也时有差别。相较之下，联合国统计司提出并执行的国际标准产业分类 ISIC（2004）无疑更具权威性和普及性，更适合作为行业分类的参考标准。因此，本书以 ISIC（2004）界定为依据，将运输与仓储服务、信息与通信服务、房地产出租与租赁服务、金融与保险服务、专业与科技服务、行政支助类服务及教育服务七个服务部门界定为生产性服务部门，将余下的服务部门定义为生活性服务部门。

二、产业结构升级测算结果及分析

（一）产业结构合理化测算结果及分析

图 3-7 是主要国家（地区）产业结构合理化测算结果Ⅰ。可以发现，2000 年产业结构合理化程度最高的五个国家依次是卢森堡、美国、塞浦路斯、法国和瑞士，最低的五个国家依次是中国、印度尼西亚、印度、罗马尼亚和俄罗斯。从绝对值上看，发达国家产业整体结构普遍更加合理，美国、英国、法国等主要发达国家的产业结构合理化测算结果接近 2.8。这些国家的服务业得到了充分发展，并贡献了大量增加值。相比之下，发展中国家产业结构合理化程度偏低，其中，印度尼西亚、印度等亚洲发展中国家最低，仅在 2.3 左右，罗马尼亚、俄罗斯、土耳其和保加利亚等发展中国家在 2.5 左右。这些国家的服务业增值比重亟待提高。

尽管样本期间中国产业结构合理化增幅比较明显，测算值由 2.24 提升至 2.37，从结构优化评估标准来看，中国产业结构布局有所优化。但是 2014 年在 42 个样本国家（地区）中中国的排名低至第 41 位，仅高于印度尼西亚，意味着中国近年来的产业结构调整战略取得了一定成效，但产业结构优化升级依旧任重道远。继续实施先进制造业和高附加值生产性服务业优先发展政策，加大产业结构调整力度，仍然是中国未来宏观经济战略调整方面需面对的重大问题。

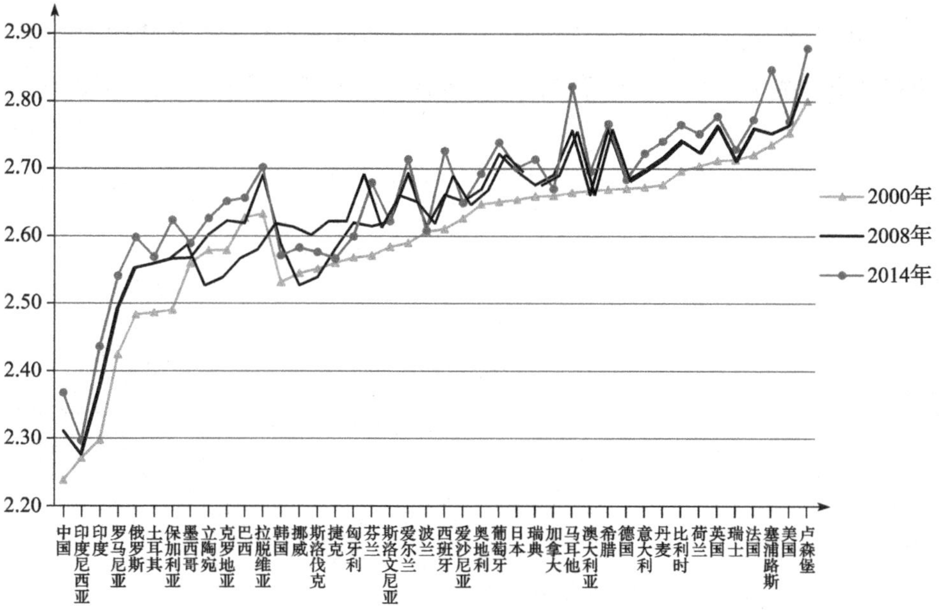

图 3-7　主要国家（地区）产业结构合理化测算结果 I

不同于以三次产业增加值份额构建的产业结构合理化指标 RIS，以三大产业部门单位劳动增加值率构建的产业结构合理化指标 TLRIS 越大，表明产业结构越偏离均衡（越不合理）。由图 3-8 的 TLRIS 测算结果发现：首先，从不同国家（地区）的比较来看，2000 年 TLRIS 值最大的五个国家依次是印度、印度尼西亚、罗马尼亚、中国和土耳其，意味着这些国家产业结构偏离均衡的程度最大，产业结构不合理；TLRIS 值最小的五个国家依次是比利时、匈牙利、英国、美国和马耳他，说明这些国家三次产业之间的结构最接近均衡，从产业平衡评估标准来看也最合理。德国、法国、澳大利亚、西班牙、荷兰等主要发达国家（地区）的 TLRIS 值趋近零，从产业平衡角度来看这些国家（地区）产业结构也较为合理。其次，从不同发展程度经济体的比较上看，2000—2014 年发展中国家的 TLRIS 平均值为 0.104，明显高于发达国家（平均值为 0.021），即发展中国家产业结构偏离均衡的程度大于发达国家，发达国家产业结构更加合理。最后，从变化趋势上看，大部分国家（地区）的 TLRIS 值有所下降，尤其是发展中国家降幅非常明显，平均值从 0.135 下降至 0.076，发达国家则从 0.022 下降到 0.018，表明样本国家（地区）产业结构合理性得到了提升。

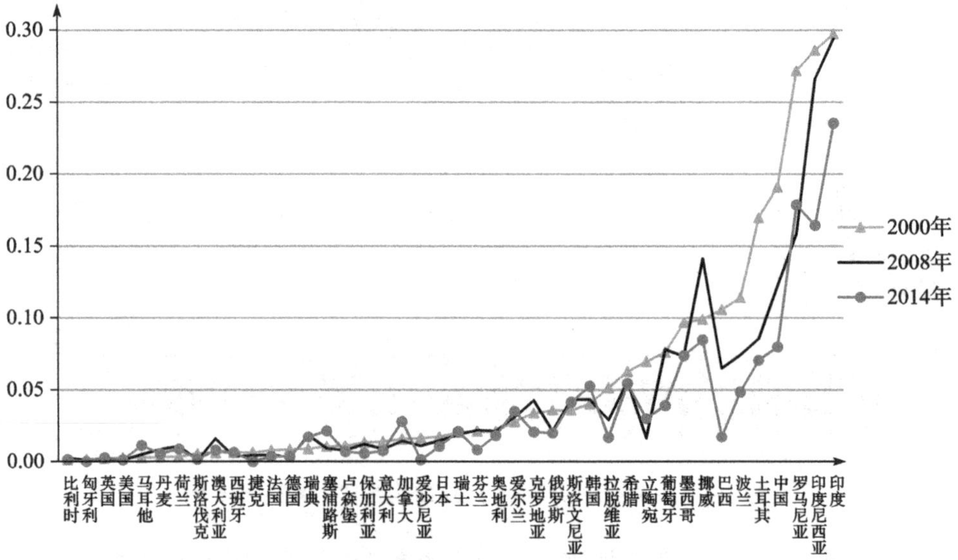

图 3-8　主要国家（地区）产业结构合理化测算结果Ⅱ

另外，中国的 TLRIS 值由 2000 年的 0.19 下降至 2014 年 0.08，降幅明显。从产业平衡评估标准来看，中国产业结构布局愈发合理，但相比其他国家（地区），差距依旧明显。

（二）产业结构高级化测算结果及分析

图 3-9 为主要国家（地区）产业结构高级化测算结果Ⅲ。利用“第三产业增加值与第二产业增加值之比”衡量的产业结构高级化测算结果，该指标大于 1 表明第三产业增加值超过第二产业。从变化趋势上看，期间样本国家（地区）产业结构高级化程度均得到了提升。尽管金融危机期间第三产业增加值有所下滑，但之后得到恢复，产业结构继续向着更高

形态攀升。发达国家第三产业增加值普遍是第二产业的三倍左右，美国、英国、法国则接近四倍。这些国家的服务业得到充分发展，增值能力远远超过第二产业。日本和德国在先进制造业生产上具备国际优势，第二产业增值份额较高，但服务业增加值占比依旧达到了 60% 以上。部分发达国家产业结构高级化程度增幅巨大，产业结构快速向更高形态、更高附加值的产业转变。相较之下，发展中国家产业结构高级化程度较低。2014 年中国和印度尼西亚的产业结构高级化程度仅为 1.05 和 1.01，在 42 个样本国家（地区）中分别排在第 41 位和 42 位。在全球服务经济繁荣发展的背景下，其他国家的服务业均贡献了 60% 以上的增加值，中国的服务业增加值比重依旧不足 50%，表明中国服务业整体增值能力有待提高。

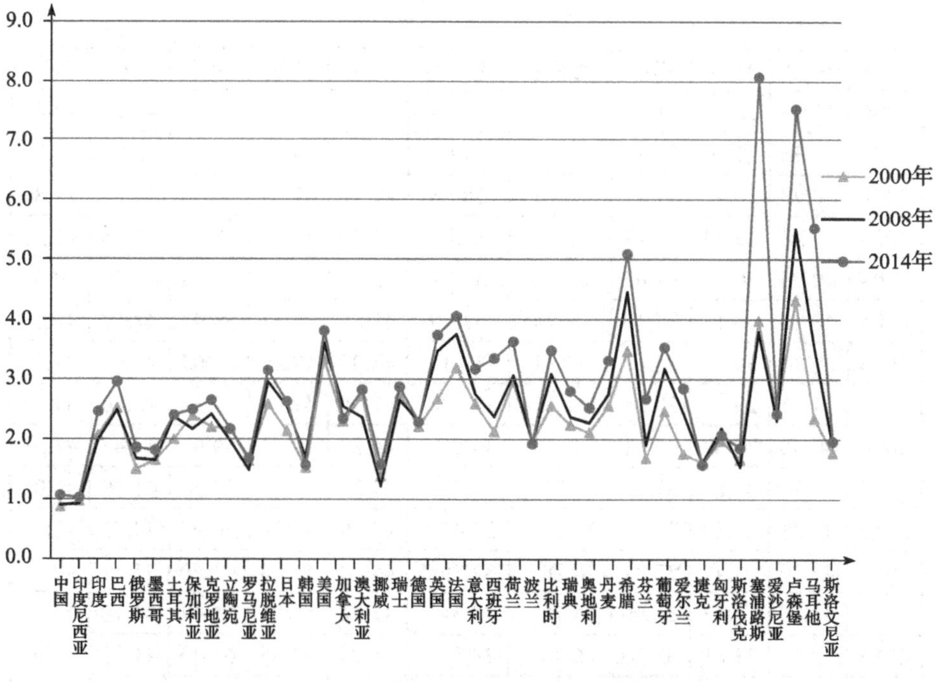

图 3-9 主要国家（地区）产业结构高级化测算结果Ⅲ

接着，本书利用“中高技术密集型制造业增加值占制造业总增加值之比”衡量制造业内部产业构成由劳动密集型向资本、技术密集型转变，以反映制造业高级化发展程度。大部分样本国家（地区）的中高技术密集型制造业占比有所上升。其中，发达国家（地区）平均中高技术密集型制造业增加值比重由2000年的39.44%提升至2014年的43.24%；发展中国家则从26.68%上升至28.68%，优势产业由劳动密集型向资本、技术密集型转变表明样本国家制造业实现了高级化发展。此外，2014年中国中高技术密集型制造业增加值比重为42.68%，在42个样本国家（地区）中排在第16位，远远高于其他发展中经济体；且样本期间增幅达到了5.59%，接近发达国家的平均水平，这意味着中国制造业内部部门结构中，已经较大程度实现了从劳动密集型制造业占主导向资本、技术密集型制造业占主导的高级化演进，如表3-4所示。

表3-4 主要国家中高技术密集型制造业增加值占比

（单位：%）

年份	中国	印度	巴西	俄罗斯	墨西哥	日本	美国	德国	英国	法国
2000	37.09	28.51	38.46	27.45	40.78	44.93	50.36	55.74	44.15	42.06
2001	37.46	29.70	36.23	26.86	39.46	43.19	48.62	56.34	43.95	42.36
2002	38.97	29.47	37.77	26.87	38.86	43.92	49.68	57.35	43.00	41.88
2003	40.28	29.74	37.43	32.84	37.89	45.04	49.97	58.26	43.26	41.20
2004	40.96	30.13	41.02	29.58	36.97	45.82	49.08	58.34	43.19	40.66
2005	40.38	32.12	37.13	26.24	37.60	45.86	48.31	58.41	42.77	41.00
2006	39.74	30.68	35.87	25.41	37.42	47.02	49.25	58.63	43.97	41.83
2007	39.77	29.87	39.21	25.68	37.77	47.45	49.77	59.62	42.60	41.20
2008	40.45	30.83	40.61	28.18	36.85	46.20	49.73	59.61	44.47	41.51
2009	40.36	32.62	37.73	26.09	35.75	44.35	50.11	58.52	41.79	41.05
2010	43.28	31.82	37.73	26.51	37.47	47.29	52.28	60.97	44.71	41.96
2011	42.79	33.42	37.82	26.78	37.35	45.74	52.26	61.60	45.31	40.89
2012	41.86	31.33	36.96	26.78	38.54	45.74	52.05	61.47	44.10	41.64
2013	42.68	31.82	38.20	26.78	39.57	45.74	52.55	61.49	44.93	41.94
2014	42.68	31.82	38.20	26.78	38.98	45.74	52.40	61.49	43.97	42.37

同时，利用“生产性服务业增加值占服务业总增加值之比”衡量服

务业内部产业构成由生活性服务业向生产性服务业转化，反映服务业高级化发展［公式（3.9）］。相比制造业，各国服务业高级化发展程度的差异较小，发达国家生产性服务业平均增加值份额由2000年的54.81%提高到2014年的56.21%；发展中国家则从51.54%上升至54.15%。其中，德国、英国、法国、意大利、澳大利亚等国接近60%。2014年中国生产性服务业增加值份额为56.94%，在42个样本国家（地区）中排在第15位，略高于其他发展中经济体，并且同主要发达国家的差距较小，表明中国服务业具有“生产性服务占主导，生活性服务业重要性逐渐下降”的特征，如表3-5所示。

表3-5 主要国家生产性服务业增加值占比

（单位：%）

年份	中国	印度	巴西	俄罗斯	墨西哥	日本	美国	德国	英国	法国
2000	54.61	48.08	55.96	38.12	55.45	52.56	50.28	57.63	58.46	57.05
2001	54.11	48.42	55.12	40.20	56.60	52.91	51.07	57.94	57.93	56.89
2002	54.06	49.05	55.84	41.65	57.32	53.18	50.89	58.06	58.43	56.71
2003	54.18	49.59	55.78	44.97	57.32	53.27	50.65	57.75	58.60	56.36
2004	56.00	48.72	53.90	45.50	56.99	52.86	50.71	58.13	58.71	56.70
2005	56.24	48.29	54.32	46.65	57.30	52.72	51.21	58.26	59.24	57.13
2006	56.65	48.50	53.73	45.81	57.27	52.89	51.22	58.58	59.70	57.72
2007	57.83	48.51	53.56	46.76	57.45	52.58	51.51	59.14	60.48	58.14
2008	56.02	48.98	52.80	45.94	57.23	51.86	51.07	58.80	60.66	57.99
2009	56.87	48.23	52.63	48.35	58.33	52.43	50.65	57.93	60.35	57.11
2010	57.02	48.17	52.58	47.29	57.45	51.69	50.64	58.25	60.22	57.66
2011	56.92	48.73	52.91	45.88	56.29	51.29	50.89	58.20	61.13	57.49
2012	56.70	48.84	52.66	46.34	55.85	50.98	51.23	58.30	61.29	57.31
2013	56.99	48.84	52.82	46.79	55.83	50.88	51.22	58.51	61.66	57.11
2014	56.94	48.91	53.61	47.23	55.34	50.88	51.64	58.55	61.88	57.15

通过对主要国家（地区）产业结构升级现状分析，本书发现从产业结构合理化和产业整体结构高级化的角度来看，发展中国家与发达国家之间存在较大差距，后者产业结构整体布局明显强于前者，且产业结构以

更快速度向着更高形态高附加值产业转变发展。从制造业高级化发展的角度来看，发展中国家的中高技术制造业增值份额普遍不足30%，发达国家则达到40%以上；从服务业高级化发展角度来看，发展中国家与发达国家的差距较小，生产性服务业增值份额普遍超过了50%。

此外，本节发现中国产业结构升级具有其特殊性。从产业结构合理化和高级化发展角度来看，中国产业结构整体布局状况与众多发达国家及主要发展中国家相比均存在一定差距，产业结构形态有待大范围改善；但是，从制造业高级化和服务业高级化发展角度来看，中国制造业和服务业产业结构有明显从低附加值产业占主导向高附加值产业占主导的变化，在发展中国家处于前列，并且接近发达国家制造业和服务业的内部形态。21世纪初中国便在“十五”规划中提出优化工业结构、发展服务业的战略内容；“十一五”规划又重点强调了加快发展高技术产业、振兴装备制造业以推进工业结构优化升级的内容；“十二五”规划进一步提出了培育发展战略性新兴产业，加快发展生产性服务业。可见，从宏观国家战略层面为优先发展高新技术制造业和生产性服务业提供了政策环境，有助于制造业和服务业高级化发展。

三、中国产业结构升级：政策回顾与定量分析

产业结构优化调整一直是中国政府宏观调控的重点。在产业发展的不同阶段，产业政策和产业调整的重点有所不同。加入WTO初期，由于产业结构不完整，资本和公共资源稀缺，中国政府不得不加强选择性产业政策的实施力度，对特定战略产业、新兴产业、科技产业进行重点扶持，对产业内特定企业、技术、产品的选择性扶持力度加大。随着科技水平接近前沿技术，资源日益丰富，产业结构日趋完善，侧重为市场机制提供完善的基础设施条件、制度环境、创新活力的功能性产业政策成为重点。

进入21世纪以来，中国三次产业比例的关系愈发合理，第三产业发展迅速。2000—2016年，第一产业产值占国内生产总值的比重由14.7%下降至8.6%；第二产业产值的比重由45.5%下降至39.8%；而第三产业产值的比重从39.8%上升到了51.6%，年均增幅达到0.74%。从三次产业产值比例来看，中国产业结构不断优化，形成了第三产业产值比重最大，第二产业次之，第三产业最小的工业化进程中后期的典型产业格局。与此同时，就业结构也发生了相应调整。21世纪以来，中国的城镇化进程加快，促使数量巨大的农业人口继续在不同产业、区域之间大量转移，相当比例的农业人口转而从事制造业或服务业。2000—2016年，第一产业就业人口比重从50.0%大幅下降至27.2%，年均降幅达到1.43%；第二产业就业人口比重有小幅上升，由22.5%提高到28.8%；第三产业就业比重从27.5%增加到43.5%，增加了16个百分点，中国就业结构得到了进一步优化。除了三次产业之间比例关系更加合理，中国还加快了农业、工业及制造业内部结构的调整步伐。“优先发展基础工业与高技术产业”“新型工业化”等系列重大产业政策规划，促使工业内部结构实现了由简单到复杂、由轻工业占优到轻重工业协调发展，由劳动密集型工业为主到资本、技术密集型工业共同发展的转变。与此同时，中国在交通运输、现代物流、金融、房地产、商务服务等服务业领域取得了迅速发展，尤其是生产性服务业产值比重和就业人数大幅提高，体现了中国近年来宏观产业结构调整政策取得了一定成效。

利用本书构建的产业结构合理化指标、高级化指标对中国省、自治区、直辖市层面产业结构现状进行测算发现，从产业结构合理化测算结果来看，2002—2016年中国30个省、自治区、直辖市的产业结构合理化指数普遍上升，三次产业之间的结构布局愈发合理，但不同省、自治区、直辖市之间产业结构布局差异较大，北京、天津、上海、浙江、广东等经济发达的东部省市的产业结构合理化指数远大于其他省、自治区、直辖市。从产业结构高级化测算结果看，2002年仅有8个省份第三产业增加值超过第二产业，到2016年有18个省份第三产业增加值超过第二产业，总体上看中国省、自治区、直辖市层面的产业形态得到了优化，如图3-10和图3-11所示。

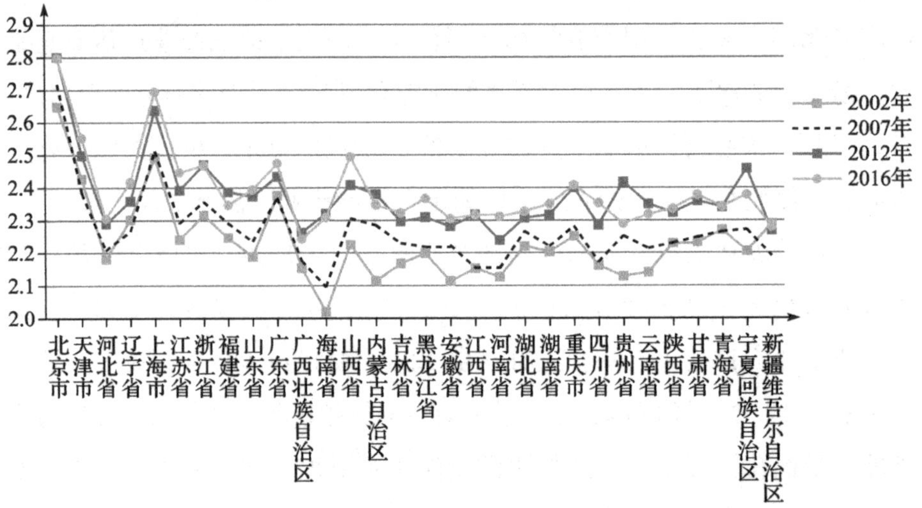

图3-10 主要年份中国30个省、自治区、直辖市产业结构合理化测算结果

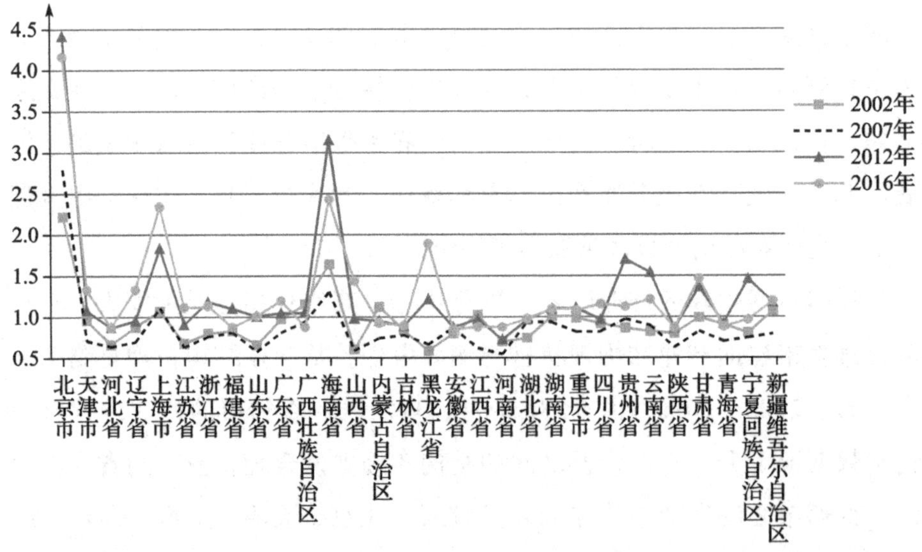

图3-11 主要年份中国30个省、自治区、直辖市产业结构高级化测算结果

进一步分析发现，中国产业结构升级表现为第三产业增加值比重上升，第三产业内部结构升级表现为流通部门比重下降，生活生产服务部门比重提高；传统服务业比重下降，现代生产性服务业比重上升。地区产业结构现状研究，对于正确认识第三产业发展的必要性，加快各省、自治区、直辖市产业结构升级有重要意义。中国于 1984 年提出大力发展第三产业，1991 年正式颁布加快发展第三产业的决定，“十五”规划、“十一五”规划、“十二五”规划中不断提高服务业发展要求，发展第三产业已然成为我国重要的战略决策。然而，不少省份第三产业发展水平滞后，产业结构升级面临重重阻碍。

第三节　本章小结

本章分析了制造业服务化和产业结构升级的现状。通过指标构建和数据测算发现，样本国家（地区）制造业整体服务化水平存在较大差异，欧盟发达国家服务化水平普遍远高于发展中国家；从变化趋势上看，大部分国家（地区）的制造业服务化水平得到了明显提高，服务化已然成为世界主要国家制造业生产模式的重要特征之一。根据服务部门技术复杂度划分服务业以后发现，发达国家制造业的中高端服务化水平更高，并且增幅巨大。相比之下，发展中国家制造业的中高端服务化水平普遍较低，尽管发展中国家的制造业整体服务化水平在逐年提高，但当前发展中国家在制造业生产过程投入中高端服务的比重还很低。此外，样本国家（地区）中高技术密集型制造业的服务化发展水平较高，低技术密集型制造业的服务化水平相对较低，且在中高技术制造业生产中投入了更高比例的中高端服务要素，在低技术制造业生产中投入了更多低端服务要素。

对世界主要国家（地区）产业结构发展现状分析发现，样本期间各国（地区）产业结构布局均有所优化，但总体上看，发达国家的产业整体结构相对更为合理。同时，发达国家产业结构高级化程度测算结果也普遍优于发展中国家，且部分发达国家产业结构高级化指标增幅巨大，表明这些国家的产业结构正快速向更高形态转变。从制造业高级化来看，发展中国家技术密集型制造业的比重明显低于发达国家，但从服务业高级化来看，发展中国家与发达国家的差距较小。此外，中国的产业结构整体布局状况与众多发达国家及主要发展中国家之间均存在一定差距，产业形态也有待继续向更高形态的高附加值产业转变。但从制造业高级化来看，中国制造业和服务业产业结构高级化发展程度在发展中国家处于前列，并且接近发达国家的水平。通过对中国地区层面产业结构升级现状的分析发现，总体上看各省、自治区、直辖市的产业结构有所优化，但不同省、自治区、直辖市之间产业布局和产业形态差异较大，东部地区产业结构总体上优于中西部地区。

CHAPTER 4 第四章

制造业服务化对产业结构升级的影响机制分析

通过第二章的文献梳理可以发现，对制造业服务化现象研究多以探索性理论分析或典型案例分析为主，系统的大样本实证分析相对不足，且服务化生产模式的经济效应分析多局限于实施服务化战略的制造业企业本身。由主要国家（地区）制造业服务化发展现状分析得知，服务化这种新型生产模式已经成为世界主要工业化国家进行制造业转型的普遍选择，制造业服务化程度不断提高，并且制造业服务化的范围不断扩大。随着制造业服务化模式的深入发展，对其经济效应的研究有待拓展至宏观层面，在当前供给侧改革的大背景下，以制造业生产端服务化变革为切入点，分析产业结构升级的研究视角具有较为重要的研究价值。虽然产业结构升级的相关研究文献较为丰富，但从制造业服务化角度展开的理论与实证分析还非常缺乏。鉴于此，本书尝试对二者的关系进行研究。本章首先梳理了制造业服务化对产业融合、产业集聚和产业竞争力的影响，从宏观上对制造业服务化与产业发展的关系进行初步把握，然后通过较为严谨的逻辑推演，分析制造业服务化生产模式影响产业结构升级的微观机制，为后文实证分析提供理论基础。

第一节　制造业服务化影响产业发展的机制

一、制造业服务化与产业融合

产业组织理论认为不同产业之间存在进入、退出壁垒和产业边界，但在信息技术产业的影响下产业边界呈现动态性、模糊性、渗透性等特征。制造业服务化生产模式兴起和发展产生的影响之一便是主要工业化国家的产业边界愈发模糊。在制造业服务化推进过程中，制造与服务突破原有的产业边界，相互渗透，相互作用，不仅促进了制造与服务快速融合，且服务作为生产纽带、黏合剂还促进了不同要素密集度制造业产业之间的相互融合。通过产业融合，产业边界变得模糊化和混沌化，继而打破原有产业边界限制，有助于形成新的产业形式，并且工业部门突破原有纵向一体化的市场结构，形成了横向一体化的新型市场结构。产业融合改变了产业的合作竞争关系，通过激化竞争促进了资源配置整合，随着产业融合推进，整个产业发展基础、产业组织形态、产业关联、产业结构布局发生巨大变化，对产业发展产生重要影响。刑华和胡汉辉（2003）指出产业渗透、产业交叉和产业重组过程都会形成增长更快、效益更好的新产业形态，对于产业结构优化升级具有重要作用。Hansen（1993）、于斌斌和胡汉辉（2014）认为制造与服务在产业融合过程中形成相互依赖又相互促进的“互惠效应”，制造业是生产性服务业深度发展的基础，制造业规模扩张推动生产性服务业成长，制造业技术创新促进生产性服务业过程创新，而生产性服务业对制造业生产率和产业竞争力提升具有支撑作用，进而对制造业发展产生重要提振作用。

在全球新一轮科技革命和产业变革快速孕育兴起之时，制造业服务化发展模式下的产业融合主要表现为先进制造技术与现代物流业、信息服务业、现代金融业、科技服务业之间的深度融合，是智能制造、信息制造、科技制造等创新产业形态形成的基础，也是提高产业竞争优势，抢占未来科技发展、产业发展与经济发展制高点的重要方向。

二、制造业服务化与产业集聚

尽管对制造业服务化与产业集聚关系分析的文献不多，但从制造业服务化与产业关联度、要素禀赋动态转变等方面的研究中可以大致梳理制造业服务化对产业集聚的影响。从产业关联角度来看，一方面，制造业服务化、服务业制造化的“两化”生产模式，通过不同产业之间的互补性融合强化了上下游产业之间的投入产出关联。投入产出联系是促进产业集聚的重要影响因素之一，存在投入产出关联的产业为降低生产成本，靠近终端市场，更倾向于在空间上集聚以形成良性互动。另一方面，投入产出关联强化有助于产业之间知识溢出，尤其是具有知识密集型属性的生产性服务业存在明显的知识外溢效应。而获取知识溢出效应是促进产业集聚的向心力之一，通过日益紧密的投入产出关联，生产性服务融入对上下游相关产业知识密集度提升和产业发展具有带动作用，并且进一步促进了产业集聚。从要素禀赋动态转变上看，制造业服务化深度发展促进要素需求结构发生了根本性变化，高端人力资本、前沿生产知识、先进技术、现代先进服务业等高端生产要素的比较优势得以强化，促进了要素禀赋的动态转变。而这种要素禀赋的转变极有可能导致依赖高级生产要素的先进制造业更倾向于集聚在服务化发展程度更高的地区，形成智能制造、信息制造中心区，对地区产业发展与结构优化产生推动作用。

随着信息通信服务、现代物流服务、金融服务等对产业发展的影响日益突出，这类服务具有较强的外部性和溢出效应的特征，有助于形成信息产业、金融产业集聚现象，从而导致对这类现代服务业依赖度高的其他产业在区位选择上往往更具有空间集中趋势。

三、制造业服务化与产业竞争力

制造业服务化生产模式深度推进，除了对产业融合、产业集聚产生积极作用，还有助于提高产业竞争力。首先，在制造业服务化生产模式下不同产业之间共生融合、协同发展，形成介于第二产业与第三产业之间的新型产业，有助于产业整体竞争力提高。这类产业利用先进制造业和制造技术实现产品生产，利用知识密集型服务提高生产效率、供应链管理效率，增加产品知识技术密集度、产品性能和产品差异化程度，先进制造业和知识密集型服务业互为依托、相辅相成，引导产业竞争力提高。其次，制造与服务融合过程有利于更大程度地激发技术进步。一方面是制造业服务化战略实施初期，服务贸易、服务进口过程伴随供应商技术支持和人员培训，加上企业要为生产模式变革、人力资源调整、专业知识获取而增加创新生产、管理技术等方面的投资，有利于企业接近前沿生产技术。另一方面是服务化生产模式在推进过程中，知识密集型生产性服务的持续投入，既引导要素投入结构优化为技术进步提供要素基础，又推高了不同环节的投入产出关联，促进了技术溢出与传导，对产业技术进步和产业竞争力提高产生积极作用。

国外理论研究基本认为制造业服务化转型是提高企业竞争力的有效方式。国内相关研究分析了生产性服务投入、制造业服务化对企业竞争力、出口竞争力的影响，大部分研究证实制造业服务化生产模式的确具有提升产业竞争力的作用。

第二节　制造业服务化影响产业结构升级的机制

制造和服务的互补性融合导致产业边界模糊与漂移，形成介于第二产业和第三产业之间的新产业形态，制造业服务化便属于这种产业形态。在服务化生产模式下，不同产业、不同环节之间的关联度得到提升，制造业（环节）和服务业（环节）相互渗透融合，以制造业拉动服务业发展，以服务推动制造业升级，对制造业与服务业转型升级皆具有重要意义。Tam 和 Gereffi（1998）研究发现产业升级有助于提升升级主体盈利能力、市场议价能力、供应链网络地位和其他潜在收益。供给侧改革的核心目标之一就是实现产业结构优化升级。然而，众多国家产业发展历程已经证实，产业结构升级并非一蹴而就之事，需要产业内外部条件的支撑。国内外研究表明，作为衡量国家（地区）产业发展的核心指标，产业结构升级与要素禀赋、技术进步、需求结构等因素密切相关。制造业服务化作为当前全球制造业生产和组织模式最重要的变革，通过将服务广泛地渗透至制造业各生产环节，不仅有利于生产过程高效运转，提高产业增值能力，实现产业高端化、复杂化与高利化发展，并且高端服务要素融入和服务产品供给对高端要素积累、技术创新、市场需求等方面都存在重要影响。从制造业生产投入服务化转变来看，生产性服务等要素大量渗入具有吸收引导知识、技能、人力资本等要素的功能，优化要素投入与配置结构，从而激发技术创新，促进人力资本积累。从制造业产出服务化转变来看，基于个性化需求、品质性能得到提升的服务化产品能够提升市场需求，促进消费结构服务化转变。因而，从理论上看，服务化生产模式极有可能对产业结构升级产生影响。

制造业服务化生产模式通过影响不同产业之间的互动机制，产生产业融合效应、产业关联效应和产业竞争效应。作为全球制造业继价值链分工后经历的另一项生产模式颠覆性变革，制造业服务化除了对企业竞争力、利润、经营绩效、客户关系管理等方面具有重要影响，还导致了生产方式和组织结构的深刻变革，其关键特征是彻底改变了制造业要素投入结构和产出结构。要素投入结构服务化、高端化转变强化了技能型人力资本、先进技术、现代生产性服务等高端要素比较优势，继而引发技术创新能力提升和全球生产分工格局重塑；产出结构服务化、差异化、复杂化发展推动了市场需求规模与结构向服务商品转变，由需求结构变革倒逼供给侧升级。本书在总结前人相关研究的基础上，通过逻辑推演较系统地分析了制造业服务化生产模式影响产业结构升级的微观机制，以下从人力资本积累效应、技术创新效应和服务市场需求效应展开影响机制探讨。

一、人力资本积累效应

鉴于制造业与服务业之间越来越紧密的产业关联，高端制造业需要优质服务作为中间投入，优质服务要素发展也在一定程度上取决于高端制造业的要素需求。制造业服务化本质上是制造商通过流程设计和能力创新，在生产中投入更多服务要素，并且向市场提供更多服务产品的过程。服务化生产模式变革从产业关联上强化了制造与服务的互动，有助于生产性服务的专业化发展。研究发现，随着制造业服务化战略实施与推进，制造业各生产环节中服务要素得到积累，运输仓储、金融保险、专业科技、信息通信、分销服务等生产性服务业成为制造业越来越重要的中间投入。生产性服务具备知识、技术密集度高的典型特征，进入生产后通过直接吸收与引导效应、高端要素匹配效应、规模经济效应等渠道影响人力资本积累，分析如下。

第一，生产性服务作为高端要素载体之一，对人力资本具有吸收和引导效应。服务化生产模式提升了制造业中生产性服务的投入比例。作为高级要素的传送器与载体，生产性服务具备直接吸收引导人力资本、知识、技能、先进技术进入生产的功能。同时，服务化模式下制造业业务范围向产业链两端延伸，制造前端增设个性化定制、研发设计等活动，制造后端增设营销推广、流通交付、诊断维护等活动，导致生产过程迂回度大大提高。迂回生产有助于提高生产力、创造的新增值环节和高端就业岗位，通过吸纳拥有专业知识、创新能力的高端人才提升高技能劳动力占比，创新型人力资本作为知识与技术的载体得到积聚。

第二，通过高端要素匹配效应积累人力资本。对制造业而言，服务化模式变革的关键动力在于知识资产的稀缺性、不可模仿性和共享性，相较其他资产更有助于构建竞争优势。只有拥有高质量人力资本、先进技术资源，并且能够持续推进流程与模式创新的企业才能顺利实施服务化战略，因而服务化模式能够推动要素结构优化，引起高端要素匹配需求，推动人力资本积累。罗长远和张军（2009）指出要素投入结构变化必然导致收入分配结构变化。理论上看，服务化生产模式能够影响收入分配结构，提升人力资本投资回报率，对高端人力资本积累产生正面影响。且生产性服务是价值链两端环节的重要构成，具备更强的价值创造和增值能力，生产性服务积累理论上有助于推高要素价值。此外，为了实现制造与服务环节融合匹配，必须增加优质人力资本和高技能劳动投入，推高人力资本市场需求水平，进一步提升人力资本投资和教育投资回报率，通过需求激励效应推动人力资本积累。

第三，由规模经济效应和产业集聚效应推动人力资本积累。价值链理论将企业的生产活动划分为不同环节，上游环节的优质服务投入会对下游环节产生"涟漪效应"，促进下游的生产率提升。同时，高端人力资本积累通过提升生产过程的技术密集度，促进生产效率提高，而生产率提升对规模经济效应实现具有推动作用。另外，随着分工的不断细化，制造成本在规模经济效应影响下不断下降，但中间产品交易规模和频率大幅上升，导致交易成本越来越高，生产性服务高效发展能够显著降低交易成本，尤其是交通运输、营销网络、信息技术等支持性服务能够有效减少运输费用、销售成本与信息搜寻成本，产生很强的外部经济性。郑吉昌和夏晴（2005）指出服务业支持对产业发展、保持竞争优势、形成产业集聚具有积极影响。而高技术产业集聚与技能培训机构、研发机构、技术中介机构等形成的关联性互动效应，能够进一步提升高端人力资本需求。可见，服务对核心环节的渗透不仅能够大幅提高制造商终端市场控制能力、生产率和增值能力，而且通过产业集聚效应影响人力资本积累。

综上所述，制造业服务化通过生产性服务要素及其他高级要素融入促进人力资本积累。一方面，生产性服务要素融入促使生产过程迂回度大大增加，不断创造新的增值环节和高端就业岗位，进而吸纳创新型人力资本，人力资本作为知识与技术的载体得到积聚；另一方面，通过不断优化要素投入结构，引起高端要素匹配需求，进而提升高端人力资本的市场需求，通过需求激励效应推动人力资本积累。此外，还通过规模经济效应和产业集聚效应推动人力资本积累。本书将制造业服务化影响人力资本积累的理论过程总结在图 4-1 中。

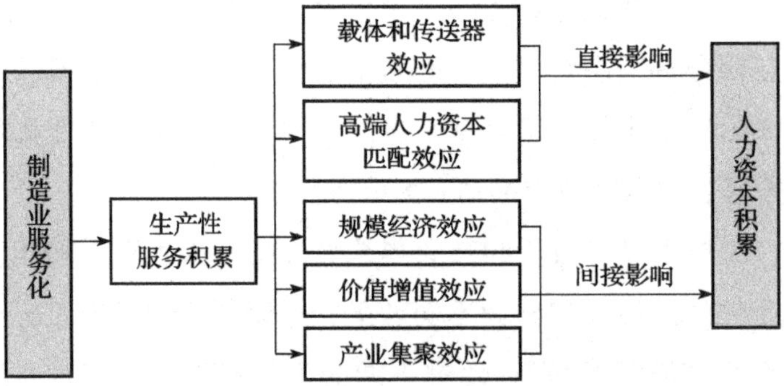

图 4-1　制造业服务化影响人力资本积累的理论过程

人力资本积累引起人力资本存量和人力资本结构变化。Ernst 和 Kim（2002）认为实现升级需要产业持续不断地提升知识基础，开发并且留住熟练人力资本。代谦和别朝霞（2006）指出人力资本积累是实现研发创新和技术进步的关键，同时人力资本积累具有外部性，是动态比较优势的决定因素。作为知识、技能与经验的载体，人力资本存量扩张有助于知识、技术的积累，通过知识、技术积累和外溢效应推动技术创新，促进新产业形成和旧产业技术改造，实现产业结构升级。具体而言，人力资本结构优化对产业结构升级的影响主要有以下几个方面：第一，伴随人力资本积累的技术升级和技术创新，对产业结构升级存在积极影响。第二，人力资本结构优化促进知识结构优化，而先进知识的积累、传播、利用为产业创新提供了基础。第三，人力资本结构优化促进市场上技能型劳动力流动效率与配置效率的提升，不仅带动专业知识与技术传播，促进产业转移和扩散，更能提升资源利用率。第四，不同层次人力资本对应的需求结构有所差异，通常高端人力资本对教育、技能培训、医疗保健、信息通信产品的需求更高，因而人力资本结构优化还会导致市场需求结构转变，驱动生产结构转变与产业结构升级。总而言之，人力资本结构优化在一定程度上反映了与其相匹配的产业结构优化。

因此，本书认为制造业服务化模式下通过生产性服务要素融入促进人力资本积累，而人力资本积累能够推高产业生产中的知识、技术密集度，进而对产业技术构成从劳动密集型向知识、技术密集型转变，向更高价值梯度移动产生积极影响，最终实现产业结构升级。从理论上看，人力资本积累是制造业服务化影响产业结构升级的重要渠道。

二、技术创新效应

新一轮工业革命通过不断诱发技术创新浪潮来推动全球产业竞争格局的重塑。可以从三个方面梳理制造业服务化影响产业结构升级的过程：其一，服务化生产模式下制造业对知识、技术密集型服务的需求扩张有助于知识资本积累，提高企业消化吸收先进技术，实现技术创新和创新成果运用的能力。其二，现代生产性服务业融入促进要素投入结构高端化发展和增值能力的提升，为创新提供要素和资金基础，降低技术创新成本，提高创新效率。其三，服务业和服务环节具有纽带和黏合剂功能，能够加强上下游关联环节的产业关联度，提高知识、技术沿着关联环节传播和扩散的效率，继而强化技术溢出效应和示范效应。具体分析如下。

首先，知识密集型服务的融入促进技术创新能力的提高。知识密集型服务占据产业链的高端环节，具备较强的创新能力，并且对知识积累和传播具有重要推动作用。相比传统制造业企业，服务化生产企业中融入了更多的知识密集型服务，制造商通过前期市场调研、后期产品维护升级等外延性服务，能够在与客户的直接互动中获得更多与产品性能、市场需求、产品使用体验等相关的隐形知识，而传统制造商集中于生产制造相对封闭的模式导致其往往难以获得这类知识。知识资本是技术创新的起点，尤其是与技术概念形成、理念设计、产品体验、客户需求等相关的隐形知识与技能是实现技术创新的重要基础。服务化制造商利用知识密集型服务要素，并且通过服务产品获取知识资本，再通过知识提取、整合、吸收和加工，提高创造经济知识与知识成果的机会，利用先进知识资本实现商业化转化能够提升企业的技术创新能力。

其次，现代生产性服务能提升技术研发效率。相比传统资源要素，现代生产性服务具有更高的技术复杂度高和价值创造力。随着现代生产性服务业投入比重增加，生产性服务作为技术、管理、信息、知识等高端要素的载体，不仅引导要素投入结构向着高端化、复杂化方向发展，还能够提升增值能力，有助于企业突破研发活动的要素与资金约束，为技术创新提供要素与资金基础，提高研发效率。例如，风险投资、互联网金融等现代金融服务既提高了技术研发融资效率，又极大地降低了创新风险，促进了创新活动的持续稳定化发展；专业科技服务、高端教育活动形成新理论、新知识、新技术的重要基础；信息服务、现代商务服务为企业快速发现并准确捕捉创新机会，加快新产品研发、应用和推广提供高效途径。

最后，产业关联度提升进一步激发创新活力。制造业服务化生产模式的一个重要特征是：随着服务融入与延伸，制造和服务环节之间的界限日益模糊，制造业服务化推动了产业关联度不断提高。作为制造业各环节之间的纽带和黏合剂，服务环节融入不仅强化了制造与服务之间的产业关联度，也提高了上下游制造产业之间的关联度。前后向产业关联度提升有助于强化关联环节和关联产业间的外溢效应、示范效应、涟漪效应，促进先进生产知识、技能、技术、创新成果通过关联环节或产业进行传导和扩散。随着知识、技术和创新成果传播至不同生产环节和关联产业，产业间的互补性知识和技术传递有助于激发知识技术再创造，且通过学习效应、干中学效应等途径进一步提高整个产业体系的技术创新活力。图 4-2 比较清晰地呈现了制造业服务化影响技术创新的理论过程。

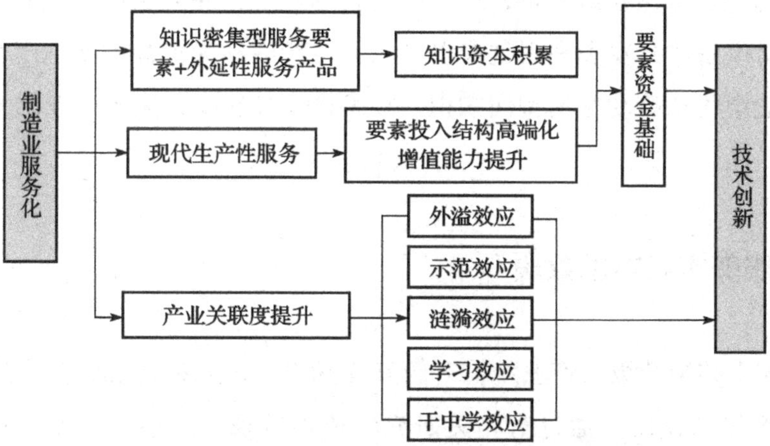

图 4-2　制造业服务化影响技术创新的理论过程

技术创新能力提升对产业结构升级的影响主要表现在两个方面：第一，在其他条件不变的情况下，提升技术能力意味着在生产体系中引入更优的要素与生产条件组合，能够提高整个产业链条的生产率。而生产率提高不仅有利于既有产业高速发展和新产业形成，并且不同产业部门的生产率和发展速度差异导致部分生产率高、发展速度快的产业更易取得重大突破成为支柱型产业。另一些技术落后、生产率提高缓慢的产业则逐渐衰落，引致产业结构的优化变迁。第二，技术创新和技术成果的运用有助于提高技术密集型产业比重，推动产业技术层次升级。按照内生增长理论，技术对经济增长和产业升级的影响主要由“干中学”、技术外溢、技术创新与模仿、技术传递、人力资本积累等途径推动。在全球价值链生产分工背景下，各国产业通过投入产出关联紧密联系。尽管位于技术前沿的先发国家意图牢牢地把握核心技术，但客观上技术能力总能通过价值链的前后向关联进行外溢和传播，进而促进后发国家取得技术进步，实现技术突破，并且最终获得产业技术能力提升和产业结构升级。邓向荣和曹红（2016）研究认为技术创新是突变式升级的关键路径。制造业服务化通过要素投入结构优化，获取先进知识，促进技术创新及创新成果溢出、扩散、传导、融合，不仅有助于传统产业使用新技术、新工艺、新材料和新设备，提升产业技术水平，并且通过新产品、新工艺、新设备的开发和利用创造以高技术生产活动为特征的新型产业，推动产业结构从劳动密集型向知识、技术密集型转变，实现产业结构转型升级。

三、服务市场需求效应

需求结构升级与产业结构升级互为动力，需求结构优化具有倒逼供给侧升级的作用。通过对相关研究的梳理发现，个性化、差异化产品的市场需求与日俱增，顺应市场需求变动、获取最大竞争优势和效益是制造业服务化发展的核心动力之一。进一步分析发现，制造业服务化生产模式持续推进也会引致市场需求的变动。一方面，在服务化生产模式下，全产品生命周期服务对商品性能、客户使用体验、效用满足程度的积极影响将引导市场需求规模和结构变化，尤其是导致社会消费需求和消费结构向着服务商品和服务化产品转变。另一方面，服务嵌入对生产部门价值创造力和创新驱动力的驱动作用将引导市场投资结构发生变动，大量资金流向服务部门和实施服务化战略的新型制造业，促进新兴产业的快速发展。具体而言，制造业服务化对市场消费需求的影响主要有以下几点。

首先，服务化彻底颠覆了传统客户关系管理模式，客户关系从线型模式发展为网型模式。体验式消费模式的兴起促使消费者不再满足于单一产品的使用价值，而是愈发希望参与产品价值创造过程，通过与企业建立稳定的互动关系，从产品组合中获得个性化体验。在服务化模式下企业将客户关系管理延伸至整个产品生命周期，通过客户接触与互动将消费者引入价值创造过程，不仅最大程度地满足消费者个性化需求和心理需求，并且能够拉近客户心理距离，强化客户关联。

其次，通过全产品生命周期服务拉近制造商与客户、客户与同类客户之间的距离，有助于获取产品、客户和市场信息，尤其是需求调研、定制化设计、体验式营销、安装维护、客户回访等直接对话和接触类服务，能够有效提高企业与消费者的互动沟通，以及消费者之间的信息共享。前者有助于制造商获取更多与产品使用体验、客户需求相关的信息，通过信息反馈机制及时有效地掌握市场消费需求；后者通过消费者的口碑传播影响企业品牌形象和目标消费者购买意愿。

最后，随着产品复杂度和技术含量的提升，基于产品可用性、保障产品性能的技术支持类长期合约有助于提升产品性能；基于客户个性化需求、有战略深度的服务能够更大程度地提高客户满意度。另外，服务化制造商更加注重关系营销而不是交易营销，这种营销模式的改变能够提高客户忠诚度。因此服务化生产模式有助于强化客户关联、提高客户关系管理效率、获取市场信息、影响消费者购买意愿、提高客户满意度与忠诚度，因而更有利于建立长期合作关系，引导消费需求向着定制化、个性化、服务化方向发展。图 4-3 较好地呈现了制造业服务化影响服务消费需求的理论过程。

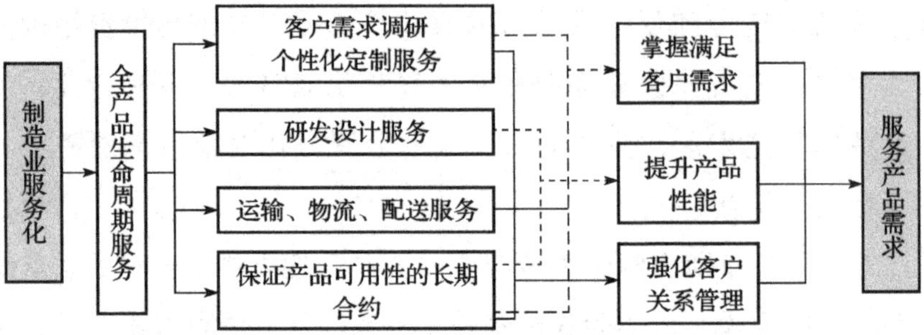

图 4-3　制造业服务化影响服务消费需求的理论过程

总而言之，制造业服务化发展战略通过强化客户关联、提升产品性能和产品生命周期、满足个性化需求等途径扩大服务化产品消费需求，导致消费规模和需求结构向着服务化商品转变。服务需求在消费需求中的占比不断提升，进一步促使制造业生产重心转向知识、技术密集型服务环节，并且通过需求拉动效应促进生产性服务业和第三产业升级发展。故而，从理论上看，制造业服务化可以通过消费需求的服务化转变引导产业结构向更高形态攀升。

第三节　本章小结

本章首先从产业融合、产业集聚和产业竞争力提升角度，对制造业服务化与产业发展的关系进行初步把握。然后从高端人力资本、技术能力和市场需求变动三个方面，分析制造业服务化对产业结构升级的影响机制。通过分析发现，一方面，制造业服务化生产模式扩大了现代服务要素投入，尤其是生产性服务投入增加对高级要素积累、产业关联度提高的积极影响，促进了人力资本积累和技术创新。另一方面，制造业服务化生产模式下全产品生命周期服务的提供，有助于企业掌握且满足客户需求，提高产品性能与使用体验，强化客户关系管理，从而推动市场消费需求向服务业和服务化产品转型，进而促进服务市场的消费需求提升。因此，本书分析认为，制造业服务化生产模式可能通过人力资本积累效应、技术创新效应和服务消费需求效应作用于产业结构升级，是制造业服务化影响产业结构升级的主要路径。

尽管全球制造业呈现普遍的服务化发展趋势，但是当前对制造业服务化现象的研究缺乏深入。在供给侧改革背景下，从制造业生产端服务化变革视角来探索产业结构升级新思路及其影响机制，不仅有助于各国把握制造业服务化发展的趋势，推动产业融合、产业集聚和产业竞争力提高，更重要的是充分利用新一轮产业共生融合契机，促进制造与服务协同发展，为产业结构升级的相关政策制定提供全新思路和切入点，实现以优结构促增长的宏观政策目标。

CHAPTER 5 第五章

制造业服务化与产业结构升级——基于跨国面板数据的经验分析

第四章总结了制造业服务化影响产业结构升级的微观途径，通过文献梳理得到的初步结论是：制造业服务化生产模式可能有助于产业结构升级。分析制造业服务化经济效应和产业结构升级主要驱动力发现，从理论上看，制造业服务化生产模式扩张可能通过促进人力资本积累、激发技术创新、刺激消费需求等途径有助于产业结构升级。当然，理论分析的结论能否在现实中成立还需要进行严格的实证检验。因此，本章结合相关研究文献构建计量模型，运用跨国层面面板数据对制造业服务化与产业结构升级的关系进行计量考察，在此基础上构建中介效应模型，检验制造业服务化生产模式对产业结构升级可能的影响路径。

第一节　计量模型设定和变量说明

一、计量模型设定

制造业服务化表现为制造业在生产中投入更高比例的服务要素，并且为市场提供更多的服务产品。从本质上看，这是制造业在生产端和供给端的重要变革。产业结构升级代表了一个国家（地区）不同产业之间的结构布局情况。通过文献梳理与影响机制分析，本书认为制造业服务化生产模式极有可能对产业结构升级产生影响。本章研究目的是，将制造业服务化发展现象引入产业结构升级研究之中，分析这种新型制造业生产模式变革与产业结构升级的关系。为此，构建方程（5.1）所示计量检验模型：

$$IS_{ct} = a_0 + a_1 SERV_{ct} + \delta X_{ct} + \lambda_c + \gamma_t + \varepsilon_{ct} \quad (5.1)$$

其中：IS_{ct} 为产业结构升级变量，包括产业结构合理化程度（lnRIS）、产业结构高级化程度（OIS）；a_0 为回归截距项；a_1 为关键变量的回归系数；$SERV_{ct}$ 为制造业服务化水平；X_{ct} 为控制变量的集合；δ 为控制变量的回归系数；λ_c 为国家固定效应；γ_t 为时间固定效应；ε_{ct} 为随机扰动项。

二、变量说明

（一）被解释变量

本书从产业结构合理化、产业结构高级化两个角度衡量产业结构升级。本书结合现有产业结构升级评估方法，从结构优化标准改进了产业结构合理化度量指标，根据公式（3.5）构建产业结构合理化指标（记为lnRIS）；从产业结构高级化内涵出发，根据公式（3.8）优化了产业结构高级化衡量指标（记为OIS）。

（二）关键解释变量

本书从投入服务化角度，利用完全消耗系数衡量各制造业行业的服务化水平［公式（3.2）］，然后，以各制造业行业产出比重为权重，对行业层面制造业服务化水平取加权平均得到国家（地区）制造业整体服务化水平［公式（3.3）］。在测算制造业整体服务化水平的基础上，根据投入服务的功能不同，测算制造业对生产性服务和生活性服务的完全消耗系数，分别定义为"制造业生产性服务化"和"制造业生活性服务化"。将测算所得制造业服务化数据绘制成核密度估计图，如图5-1所示。可以看出：2000—2014年期间制造业服务化、生产性服务化和生活性服务化的核密度估计曲线均有明显右移的趋势，说明样本国家制造业服务化水平、生产性和生活性服务化水平皆在不断提升。

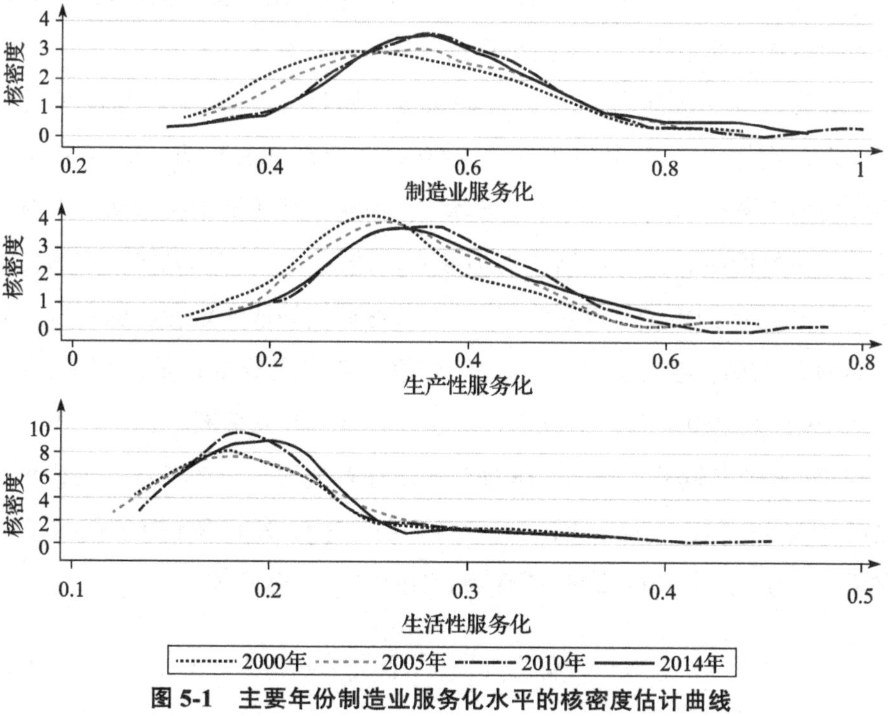

图5-1　主要年份制造业服务化水平的核密度估计曲线

在扩展性分析中，还进一步按照生产性服务要素种类不同，测算了制造业对运输与仓储服务、信息与通信服务、金融与保险服务、专业与科技服务、房产出租租赁服务、行政支助服务、教育服务7个不同生产性服务部门的完全消耗系数，用于衡量“运输与仓储服务化”“信息与通信服务化”“金融与保险服务化”“专业与科技服务化”“房产出租租赁服务化”“行政支助服务化”和“教育服务化”。

（三）控制变量

考虑到变量缺失对估计结果有效性的威胁，本书参考产业结构升级相关研究文献，引入以下对国家（地区）产业结构升级有重要影响的控制变量：

1. 物质资本密集度（lnKL）

产业结构升级与要素禀赋密切相关，因而在回归方程中引入物质资本密集度变量，物质资本密集度利用物质资本存量与劳动力之比来衡量。劳动力数据来自WDI数据库，物质资本存量根据固定资本存量估算得到。参考相关文献，利用永续盘存法估算样本国家不变价固定资本存量，作为物质资本衡量指标。永续盘存法具体计算过程如下：

首先，利用固定资产形成总额数据（调整为2010年不变价美元计算，来自世界银行WDI数据库），结合固定资产形成规律：$I(t) = I(0)e^{t\lambda}$，估计出固定资产形成总额的年增长率λ。为减少基年资本存量估计误差对后续年份的影响，使估计结果更加准确，选择1995年为基年（本书关注2000年以后的固定资本存量）。然后，参考通用做法假定各国固定资产年折旧率$\delta = 5\%$，根据公式（5.2）计算第1期固定资本存量。其中，$I(0)$表示1995年的固定资产形成额；λ为固定资产形成总额增长率。得到第1期固定资产存量后，根据永续盘存法计算各期固定资产存量。永续盘存法的计算公式为：$K(t) = K(t-1) \times (1-\delta) + I(t)$，$K(t)$为t期的固定资产存量，δ为固定资产折旧率，$I(t)$为t期固定资产形成额。

$$K(1) = \frac{I(0)e^{\lambda}}{1-(1-\delta)e^{-\lambda}} \tag{5.2}$$

按照上述方法计算各期固定资产存量，再利用GDP平减指数剔除价格影响，最后算出物质资本密集度，取对数后进入回归方程。

2. 贸易开放度（TOPEN）

贸易开放能够影响产业结构升级早已得到广泛认可，但贸易开放对产业结构升级究竟存在促进作用还是阻碍作用尚未达成一致观点。蔡伟毅和陈学识（2010）认为贸易开放主要通过国外知识技术溢出效应及国际技术直接转移效应，对产业结构转型升级产生促进作用。周茂等（2016）认为贸易开放通过进口价值效应优化产业结构。蔡海琴和徐盈之（2021）发现贸易开放对中国产业结构整体优化、服务业与工业内部升级都有积极影响。但另有部分研究认为，贸易开放会阻碍产业结构升级。按照常用做法以“贸易总额 / 国内生产总值”衡量贸易开放度。

3. 外商直接投资强度（FDI）

针对发达国家的研究认为外商直接投资有助于产业结构升级，且外商直接投资主要通过溢出效应、资源补充效应、产业转移效应、产业关联效应等途径带动投资目的国与母国产业结构优化升级。利用“外商直接投资净流入 /GDP”衡量外商直接投资强度。

4. 政府介入经济强度（GOVC）

政府在国家经济发展和产业结构调整中扮演较为关键的角色。尤其是发展中国家政府，往往通过宏观产业规划、产业平台或产业集群区建设、财政政策等方式影响地区产业结构优化调整的步伐和方向。郭杰（2004）指出通过税收支出、政府购买和财政补贴等手段，政府支出对产业结构升级具有重要促进作用。利用“政府消费 /GDP”衡量政府介入经济的强度。

5. 城镇化程度（URBAN）

Michael 等（2012）认为城镇化对于全球产业分工与产业重组存在重要影响。Neumark 和 Kolko（2010）认为城镇化能促进现代服务业实现快速发展和集聚。因此，从理论上看城镇化对产业结构升级有推动作用，参考常用做法以“城镇人口占总人口的比重”衡量城镇化水平。

6. 基础设施状况（INFRA）

吴福象和沈浩平（2013）指出基础设施通过空间溢出效应和蒂伯特机制促进产业结构升级。此外，完善的基础设施有助于吸引投资，形成产业集聚，促进产业结构升级。通常利用单位国土面积的铁路、公路、航运里程等衡量基础设施状况，考虑以上指标缺失值较多，本书利用每百万人口的互联网使用率衡量。

7. 经济发展水平（lnPGDP）

钱纳里、库兹涅茨产业理论揭示了在不同经济发展阶段下，产业结构与形态的特征及变迁。而各国产业发展的经验表明：不同经济发展阶段的主导产业和产业结构有所不同，通常经济发展程度高的国家产业层次也较高。本书利用不变价人均国民生产总值衡量经济发展水平，取对数进入回归方程。

（四）中介变量

本书认为促进人力资本积累、激发技术创新、提高服务商品需求是制造业服务化生产模式影响产业结构升级的主要渠道，因而，选取人力资本水平、技术创新水平和服务产品消费需求三个中介变量进行影响路径检验。

1. 人力资本水平（lnEDU）

通过理论机制分析发现制造业服务化引起生产性服务要素的进入和积累。生产性服务要素进入生产过程后，一方面促使生产过程迂回度大大增加，不断创造新的增值环节，创造更多高端就业岗位，吸纳高端人才，高端创新型人力资本作为知识与技术的载体得到积聚；另一方面通过不断优化要素的投入结构，引起高端要素匹配需求，进而提升高端人力资本市场需求水平，通过需求激励效应推动人力资本积累。此外，还通过规模经济效应和产业集聚效应推动人力资本积累。而人力资本积累有助于产业技术构成从劳动密集型向知识、技术密集型转变，促进产业结构向更高价值梯度移动，最终实现产业结构升级。因此，本书选取的第一个中介变量为人力资本水平变量。

相关研究通常利用劳动力报酬、劳动力技术等级（低技能、中等技能、高技能等）、劳动力学历指数、教育支出、教育成本或教育年限等方法衡量人力资本水平。其中，教育是提高劳动者技能和生产率的重要途径，也是劳动人口转化为高端人力资本的主要渠道，是衡量人力资本积累的最常用方法。已有研究常利用教育基尼系数衡量人力资本存量。考虑度量指标的准确和数据可得性，本书参考陈钊等（2004）的做法，采取平均受教育年限度量人力资本。平均受教育年限是将不同学历教育按照一定的受教育年限进行折算，然后以受教育年限为权重计算的加权平均受教育年限。世界银行 WDI 数据库提供了各国初等教育、中等教育和高等教育的劳动力占比，以及初等教育和中等教育的教育年限，但未提供高等教育年限。本书假设样本国家的高等教育年限均为 4 年，则有：

$$居民平均受教育年限 = 初等教育劳动力比重 \times 初等教育年限 + 中等教育劳动力比重 \times (初等教育年限 + 中等教育年限) + 高等教育劳动力比重 \times (初等教育年限 + 中等教育年限 + 4) \tag{5.3}$$

根据公式（5.3）计算样本国家居民平均受教育年限，数据单位为年。对居民平均受教育年限取对数，作为人力资本积累的代理指标进入回归方程。

2. 技术创新水平（lnINNO）

一方面，制造业服务化通过现代生产性服务业的融入，促进要素投入结构优化，为制造业进行技术创新提供要素基础，进而降低技术创新成本，提升创新效率。另一方面，通过专业知识密集型服务需求的扩张，促进知识资本的大量积累，提高先进技术的消化吸收能力、技术创新能力及创新成果运用能力。此外，生产性服务投入具有的纽带和黏合剂功能能够提高上下游制造环节的产业关联度，强化关联环节之间的外溢效应与示范效应，促进先进生产知识、技能、技术创新通过关联环节进行高效传导和扩散。而技术创新对高技术新型产业形成及产业技术构成优化都有积极影响，从而促进产业结构升级。因此，从理论上看，技术创新是制造业服务化影响产业结构升级的重要渠道。

现有研究通常从技术创新投入或技术创新产出的角度衡量技术创新水平。常见的技术创新投入指标有：研发资本存量、研发支出占 GDP 比重、研发人员数量等。常用的技术创新产出指标包括：发明专利数、专利申请量或授权量、新产品销售收入等。相比之下，创新投入指标主要反映创新资源投入与配置情况，并不能准确地衡量技术创新能力。因此，本书采用创新产出指标来衡量技术创新能力。考虑数据可得性，选取世界银行 WDI 数据库提供的各国居民及非居民年专利申请数量衡量技术创新，数据单位为件，取对数后进入回归方程。

3. 服务产品消费需求（SCOMP）

制造业服务化发展战略通过强化客户关联、提升产品性能、延长产品生命周期、满足个性化消费需求等途径扩大服务化产品的消费需求，进而引起消费规模和需求结构向着服务化商品转变，直观的表现是：服务产品市场需求在消费需求中的比重不断提升，进一步促使制造业生产重心转向服务环节，提供更多的服务产品，通过需求拉动效应促进生产性服务业和第三产业发展，最终推动产业结构转型升级。因此，本书选取的另一个中介变量为服务产品消费需求。

因无法获得制造业因实施服务化生产模式引致的服务化商品需求数据，难以准确量化服务化消费需求，本书利用“服务产品消费支出占总消费支出的比重”衡量制造业服务化的消费需求效应。其中，服务产品消费支出和总消费支出分别利用 WIOD 数据库各国投入产出表中“家庭、非营利组织、政府部门的服务消费支出”和“家庭、非营利组织、政府部门的总消费支出”衡量。

第二节 数据来源和描述性统计

本章使用42个国家（地区）2000—2014年跨国面板数据进行实证分析。原始数据主要来自WIOD各国投入产出表、世界银行WDI数据库。其中，WIOD投入产出表给出了各产业增加值、中间消耗系数、政府消费支出等数据，是计算制造业服务化指标、产业结构升级指标、政府介入经济强度指标的主要数据来源；WDI数据库涵盖了样本国家总人口、劳动力、GDP、不同层次受教育人口比重、教育年限、专利申请、固定资本投资、进出口贸易、外商直接投资、城镇人口比重、互联网使用率等指标。个别缺失数据利用移动平均插值法进行补全，最终获得2000—2014年42个样本国家（地区）的平衡面板数据。表5-1为变量计算依据。为保证经济含义，同时降低异方差性对估计结果的影响，除了比值变量和包含较多小于1观测值的变量不取对数，其他变量均取对数形式进入回归方程。

表5-1 变量计算依据

变量类型	变量名	符号	计算依据
因变量	产业结构合理化	lnRIS	利用公式（3.5）计算得到
	产业结构高级化	OIS	利用公式（3.8）计算得到
关键变量	制造业服务化水平	SERV	利用完全消耗系数计算，见公式（3.1—3.3）
控制变量	物质资本密集度	lnKL	ln（资本存量 / 劳动力）
	贸易开放度	TOPEN	贸易总额 /GDP
	外商直接投资强度	FDI	FDI/GDP
	政府支出强度	GOVC	政府消费 /GDP
	城镇化程度	URBAN	城镇人口 / 总人口
	基础设施	INFRA	互联网使用率
	经济发展程度	lnPDGP	ln（人均国内生产总值）

续表

变量类型	变量名	符号	计算依据
中介变量	人力资本水平	lnEDU	ln（居民人均受教育年限）
	技术创新水平	lnINNO	ln（年专利申请数量）
	服务产品消费支出	SCOMP	服务产品消费额 / 产品总消费额

通过对主要变量的描述性统计发现，各国制造业服务化水平、产业结构升级指标存在较大波动水平。产业结构合理化的均值为 0.967，变动范围为 [0.806，1.057]；产业结构高级化的均值为 2.529，范围为 [0.852，8.073]；表明各国（地区）三次产业之间布局与协调度、产业结构形态之间的差异比较明显。同时，样本国家（地区）制造业服务化水平的均值为 0.565，并且最大值为最小值的三倍有余，这反映了各国制造业服务化发展水平存在较大差距。

为了更直观地呈现制造业服务化与产业结构升级的相关关系，实证分析前绘制了二者之间的散点图，如图 5-2 所示。可见，制造业服务化与产业结构合理化、高级化之间的正相关关系皆比较明显。这在一定程度上说明制造业服务化对产业结构合理化与高级化发展具有促进作用。

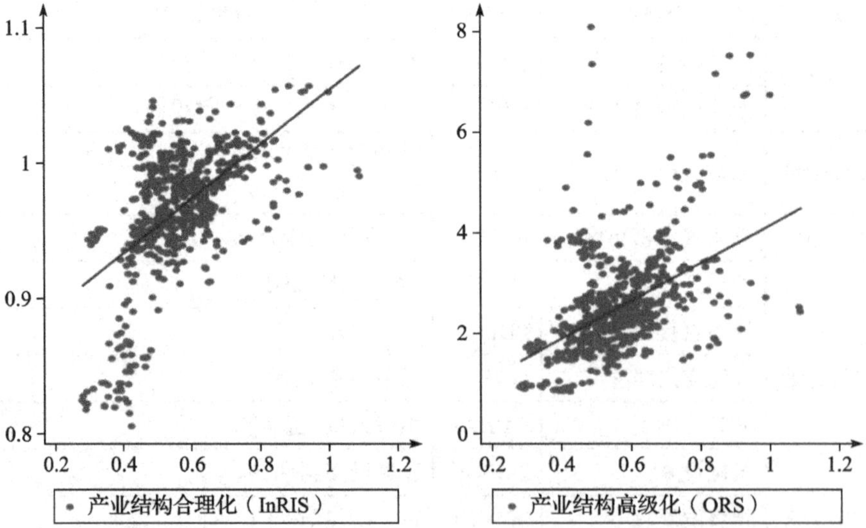

图 5-2　制造业服务化与产业结构合理化、高级化之间的散点

为了避免变量非平稳造成的伪回归问题，实证分析之前综合利用LLC检验、Breitung检验、IPS检验、Fisher-ADF检验面板单位根检验方法，检验跨国面板数据的平稳性。以上四种单位根检验的原假设为“变量存在单位根”，P值小于0.1说明不存在单位根。不同检验方法对横截面维度、时间维度是否固定，或者适用的渐进假定不尽相同，且对各面板单位的自回归系数有不同要求，因此检验结果并非完全一致，如表5-2所示。总体上看，本书实证变量皆为平稳序列。

表5-2　面板单位根检验结果

变量	LLC检验	Breitung检验	IPS检验	Fisher-ADF检验	检验形式	结论
lnRIS	−9.9536* (0.0000)	−3.5827* (0.0002)	−6.6516* (0.0000)	218.0124* (0.0000)	趋势项+常数项	平稳
OIS	−4.8079* (0.0000)	−2.6767* (0.0037)	−1.7540* (0.0397)	350.8028* (0.0000)	趋势项+常数项	平稳
SERV	−3.2844* (0.0005)	−1.4332* (0.0759)	−3.6140* (0.0002)	204.6193* (0.0000)	趋势项+常数项	平稳
lnKL	−7.5054* (0.0000)	−4.1036* (0.0000)	3.3491 (0.9996)	188.0719* (0.0000)	趋势项+常数项	平稳
TOPEN	−6.7817* (0.0000)	−2.5775* (0.0050)	−3.1633* (0.0000)	146.0278* (0.0000)	趋势项+常数项	平稳
FDI	−2.9414* (0.0016)	−4.0908* (0.0000)	−5.3322* (0.0000)	361.7072* (0.0000)	趋势项+常数项	平稳
GOVC	−8.0478* (0.0000)	−3.3526* (0.0004)	−2.7630* (0.0029)	206.4201* (0.0000)	趋势项+常数项	平稳
URBAN	−3.4e+02* (0.0000)	−3.7297* (0.0001)	−16.8074* (0.0000)	2429.3788* (0.0000)	趋势项+常数项	平稳
INFRA	−14.1175* (0.0000)	−1.2396 (0.1076)	−3.3012* (0.0005)	377.5102* (0.0000)	趋势项+常数项	平稳
lnPDGP	−21.7812* (0.0000)	−3.2870* (0.0005)	−1.9851* (0.0236)	277.8120* (0.0000)	趋势项+常数项	平稳

注：①括号内为P值；②*表示变量检验结论为平稳过程；③上述Fisher-ADF检验报告逆卡方变换的统计量与P值。

第三节　实证结果与分析

一、基准检验结果与分析

利用计量检验模型（5.1）检验制造业服务化对产业结构升级的影响。为比较估计结果的合理性，表 5-3 给出了固定效应与随机效应模型估计结果。可以看到，固定效应模型与随机效应模型的估计系数相差不大。以产业结构合理化、高级化为被解释变量时，在固定效应模型和随机效应模型估计结果中，制造业服务化的估计系数皆为显著正值，表明制造业服务化对产业结构升级存在影响，满足了中介效应检验的前提条件。

在模型选择上，以产业结构合理化为被解释变量时，Hausman 检验伴随概率为 0.047；以产业结构高级化为被解释变量时，Hausman 检验伴随概率为零，可判定固定效应估计结果优于随机效应。因此，在不考虑模型内生性问题的情况下，以固定效应估计结果为准进行分析。模型 2 制造业服务化的估计系数为 0.046，模型 3 制造业服务化的估计系数为 2.185，说明制造业服务化生产模式对产业结构合理化、高级化产生了显著的正向作用。

在控制变量中，物质资本密集度对产业结构合理化有正向影响，对产业结构高级化的影响系数为负值。贸易开放度的估计系数显著为正值，证实自由贸易能够对产业结构优化发展产生积极影响。外商直接投资对产业结构合理化的影响系数为正但不显著，却显著地促进了产业结构高级化发展。此外，政府支出强度、城镇化程度、基础设施完善度均对产业结构升级有一定的正向影响，与理论预期基本一致。

表 5-3 制造业服务化的产业结构升级效应检验结果

变量	lnRIS		OIS	
	FE	RE	FE	RE
	模型 1	模型 2	模型 3	模型 4
SERV	0.0455*** (7.03)	0.0460*** (7.27)	2.185*** (7.74)	2.197*** (7.95)
lnKL	0.0124*** (5.24)	0.0121*** (5.65)	−0.208** (−2.01)	−0.0502 (−0.57)
TOPEN	0.0092*** (3.40)	0.0098*** (3.90)	0.690*** (5.87)	0.648*** (6.21)
FDI	0.0011 (1.04)	0.0011 (1.07)	0.102** (2.24)	0.102** (2.21)
GOVC	0.399*** (7.97)	0.401*** (8.51)	12.92*** (5.91)	12.17*** (6.13)
URBAN	0.125*** (12.10)	0.121*** (12.28)	0.204 (0.45)	0.577 (1.38)
INFRA	0.0140*** (3.99)	0.0128*** (3.82)	1.376*** (9.02)	1.299*** (9.04)
lnPDGP	0.0013 (0.82)	0.002 (1.22)	−0.320*** (−4.51)	−0.344*** (−4.91)
CONS	0.640*** (25.74)	0.640*** (29.24)	4.132*** (3.81)	2.396*** (2.78)
豪斯曼检验	[0.0473]		[0.0000]	
R^2	0.6757	0.6756	0.4610	0.4575
样本量	630	630	630	630

注：小括号内为 t 值，中括号内为相应检验的 P 值；***、** 和 * 分别表示通过 1%、5% 和 10% 显著性水平检验。

二、内生性检验结果与分析

基准检验基本证实了制造业服务化有助于产业结构升级，但上述回归分析未考虑模型可能存在的内生性问题。一般来说，主要有两方面的问题可能导致模型内生性：其一，制造业服务化、控制变量和产业结构升级可能受到相关冲击的影响，导致制造业服务化和本书控制变量与残差项相关。其二，制造业服务化与产业结构升级变量之间可能存在双向因果关系。即制造业服务化发展战略通过技术创新、提升服务需求等有助于产业结构合理化与高级化发展。但同时，产业结构越合理，产业层次与形态越高级的国家（地区），越拥有更高的现代服务要素供给能力与先进制造能力，从而有助于服务业更深层次地融入制造业，进而通过“服务经济”提升制造业服务化水平。此外，影响产业结构升级的因素众多，尽管模型中引入了一些重要的控制变量，但避免遗漏变量问题仍难以完全避免，因而需考虑模型内生性的影响。

对于第一个原因，本书的解决方法是：将制造业服务化和所有控制变量分别滞后一期，重新对方程（5.1）进行估计，结果如表 5-4 的模型 5 和模型 6 所示。对于第二个原因，本书利用工具变量法（IV）排除模型内生性可能导致的估计偏误，合适且有效合适的工具变量必须与制造业服务化相关且与扰动项不相关。本书参考 Wooldridge（2002）的方法，利用滞后一期的制造业服务化变量作为工具变量，进行两阶段最小二乘估计（2SLS），结果见表 5-4 的模型 7 和模型 8。使用工具变量法的前提是工具变量有效，本书通过“过度识别”“不可识别”与“弱识别”检验判断工具变量的有效性。

在滞后一期的内生性检验中，制造业服务化对产业结构合理化的估计系数为正值，对产业结构高级化的估计系数也为正值，且皆通过 1% 显著性水平检验，表明对制造业服务化、控制变量与残差项可能存在的相关性进行控制后，依旧得出服务化生产模式对产业结构升级具有积极影响的结论。

在 2SLS 估计结果中，过度识别检验的伴随概率大于 0.1；不可识别检验的 Kleibergen-Paap rk LM 统计量为 54.574，P 值为零，强烈拒绝工具变量不可识别的原假设；弱识别检验的 Kleibergen-Paap rk Wald F 统计量为 301.777，远大于 Stock-Yogo 检验在 10% 显著性水平下的临界值（16.38），拒绝工具变量弱识别的原假设，表明工具变量是有效的。由模型 7 和模型 8 可知，对可能存在的双向因果关系进行控制后，制造业服务化对产业结构合理化变量的估计系数有所下降，而对产业结构高级化变量的估计系数有小幅上升。但在内生性检验模型中，制造业服务化估计系数始终显著为正，相比基准估计结果未发生实质性改变，证实制造业服务化的确有助于产业结构合理化、高级化发展。

此外，两阶段最小二乘估计的前提假设是：扰动项服从独立同分布（即球形扰动）。但是，不同国家（地区）所固有的特征差异导致扰动项可能存在异方差或自相关。在扰动项存在异方差或自相关条件下，广义矩估计（GMM）相比两阶段最小二乘估计更有效。因此，进一步使用广义矩估计进行内生性检验，结果见表 5-4 中的模型 9 和模型 10。广义矩估计与 2SLS 的估计系数完全相同，尽管 t 统计量有所下降，但制造业服务化的估计系数依然通过显著水平检验。可见，即使样本存在异方差或自相关，估计结果也是稳健的。

其他控制变量的估计结果与基准估计结果较为一致，此处不再赘述。

表 5-4　内生性检验结果

变量	滞后一期		2SLS		GMM	
	lnRIS	OIS	lnRIS	OIS	lnRIS	OIS
	模型 5	模型 6	模型 7	模型 8	模型 9	模型 10
SERV	0.0304*** （3.55）	2.066*** （6.74）	0.0411*** （4.97）	2.230*** （6.20）	0.0411*** （4.07）	2.230*** （4.71）
lnKL	0.0084*** （2.62）	−0.296*** （−2.59）	0.0125*** （5.04）	0.346*** （3.21）	0.0125*** （4.30）	0.346** （2.53）
TOPEN	0.0012 （0.54）	0.783*** （6.03）	0.0107*** （3.86）	0.539*** （4.49）	0.0107*** （2.87）	0.539*** （2.63）
FDI	0.0019 （1.38）	0.186*** （3.89）	0.0006 （0.56）	0.0695 （1.61）	0.0006 （0.37）	0.0695 （0.77）
GOVC	0.145** （2.21）	13.10*** （5.55）	0.443*** （8.47）	10.51*** （4.63）	0.443*** （6.91）	10.51*** （3.40）
URBAN	−0.0373*** （−2.78）	−0.511 （−1.06）	0.141*** （11.36）	0.640 （1.19）	0.141*** （8.93）	0.640 （1.46）
INFRA	0.0257*** （5.47）	1.081*** （6.41）	0.0261*** （5.21）	0.890*** （4.09）	0.0261*** （5.25）	0.890*** （3.99）

续表

变量	滞后一期		2SLS		GMM	
	lnRIS	OIS	lnRIS	OIS	lnRIS	OIS
	模型 5	模型 6	模型 7	模型 8	模型 9	模型 10
lnPDGP	0.0022 (1.05)	−0.132* (−1.73)	0.0008 (0.46)	0.401*** (5.47)	0.0008 (0.36)	0.401*** (4.81)
CONS	0.829*** (24.52)	3.990*** (3.29)	0.603*** (27.44)	4.879*** (5.11)	0.603*** (21.51)	4.879*** (3.17)
时间效应	NO	NO	YES	YES	YES	YES
个体效应	NO	NO	YES	YES	YES	YES
R^2/Centered R^2			0.9810	0.9277	0.9810	0.9277
样本量	588	588	588	588	588	588

注：小括号内为 t 值，中括号内为相应检验的 P 值；***、** 和 * 分别表示通过 1%、5% 和 10% 显著性水平检验。

三、影响机制检验

通过影响机制分析，本书认为制造业服务化生产模式通过促进人力资本积累、激发技术创新、刺激服务消费需求对产业结构升级产生影响。为了考察制造业服务化影响产业结构升级的机制，构建中介效应模型对可能存在的影响渠道进行检验，选取了人力资本水平、技术创新水平、服务产品消费需求作为中介变量。借鉴 Baron 和 Kenny（1986）的检验中介效应的三步骤法，设定如下计量回归模型。

$$IS_{ct} = a_0 + a_1 SERV_{ct} + \delta X_{ct} + \lambda_c + \gamma_t + \varepsilon_{ct} \quad (5.4)$$

$$M_{ct} = b_0 + b_1 SERV_{ct} + \delta X_{ct} + \lambda_c + \gamma_t + \varepsilon_{ct} \quad (5.5)$$

$$IS_{ct} = c_0 + c_1 SERV_{ct} + c_2 M_{ct} + \delta X_{ct} + \lambda_c + \gamma_t + \varepsilon_{ct} \quad (5.6)$$

M_{ct} 表示中介变量，包括人力资本水平、技术创新水平和服务产品消费需求。其他变量与方程（5.1）的一致，IS_{ct} 为产业结构升级变量，包括产业结构合理化程度（lnRIS）、产业结构高级化程度（OIS）；$SERV_{ct}$ 为制造业服务化水平；a_0、b_0、c_0 为回归截距项；a_1 为制造业服务化对产业结构升级的回归系数，衡量服务化对产业结构升级的总效应；b_1 为制造业服务化对中介变量的回归系数；c_1 为制造业服务化对产业结构升级的回归系数，衡量服务化对产业结构升级的直接效应；c_2 为中介变量对产业结构升级的回归系数；δ 为控制变量的回归系数；X_{ct} 为控制变量的集合；λ_c 为国家固定效应；γ_t 为时间固定效应。回归方程（5.4）衡量制造业服务化对产业结构升级的总效应；回归方程（5.5）衡量制造业服务化对中介变量的影响效应，回归系数 b_1 显著，说明服务化生产模式对人力资本、技术创新或服务市场需求存在影响；回归方程（5.6）中回归系数 c_1 衡量制造业服务化对产业结构升级的直接效应。将方程（5.5）代入方程（5.6）则有：

$$IS_{ct} = (c_0 + c_2b_0) + (c_1 + c_2b_1)SERV_{ct} + \varepsilon_{ct} \tag{5.7}$$

其中，ε_{ct} 为随机扰动项。表 5-5 为制造业服务化对产业结构升级的影响机制检验结果，表 5-3 的基准估计中已详细汇报方程（5.4）的估计结果，因此表 5-5 中不再重复报告。

模型 9 ～模型 11 是制造业服务化对产业结构升级的人力资本积累中介效应检验结果。在模型 9 中制造业服务化的估计系数显著为正，说明服务化生产模型对人力资本积累具有积极影响，与前文的预期一致。在模型 10 和模型 11 中制造业服务化的估计系数显著为正，说明服务化生产模式对产业结构升级存在直接推动作用；人力资本中介变量对产业结构高级的估计系数显著，说明在制造业服务化对产业结构高级化的影响中存在人力资本中介效应，即服务化生产模式通过人力资本间接影响产业结构升级。

模型 12 ～模型 14 是制造业服务化对产业结构升级的技术创新中介效应检验结果。模型 12 制造业服务化的估计系数显著为正，说明服务化生产模式对技术创新存在促进作用。在模型 13 和模型 14 中技术创新变量的估计系数显著为正，且制造业服务化与产业结构合理化、高级化之间存在显著的正相关关系，这意味着在制造业服务化对产业结构合理化、高级化的影响中存在技术创新中介效应。换言之，技术创新是制造业服务化影响产业结构升级的渠道之一，符合前文的预期。

表 5-5　制造业服务化对产业结构升级的影响机制检验结果

变量	lnEDU	lnRIS	OIS	lnINNO	lnRIS	OIS	SCOMP	lnRIS	OIS
	模型 9	模型 10	模型 11	模型 12	模型 13	模型 14	模型 15	模型 16	模型 17
SERV	0.0837* (1.78)	0.0422*** (6.38)	2.173*** (7.41)	2.969*** (6.68)	0.0518*** (8.08)	2.388*** (8.19)	0.0249* (1.87)	0.0409*** (6.80)	2.025*** (7.17)
lnKL	0.0079 (0.38)	0.0125*** (4.32)	−0.523*** (−4.08)	1.0213*** (6.28)	0.0140*** (6.48)	−0.138 (−1.30)	0.0151*** (3.09)	0.0096*** (4.36)	0.305*** (3.07)
TOPEN	−0.0042 (−0.21)	0.0055* (1.93)	0.646*** (5.12)	−0.8335*** (−4.50)	0.0068*** (2.64)	0.633*** (5.32)	0.0247*** (4.45)	0.0046* (1.82)	0.531*** (4.66)
FDI	−0.0094 (−1.26)	0.0009 (0.88)	0.0944** (2.04)	0.2245*** (3.13)	0.0016 (1.51)	0.117** (2.57)	0.0019 (0.87)	0.00074 (0.77)	0.0899** (2.07)
GOVC	−0.187 (−0.50)	0.344*** (6.52)	12.41*** (5.31)	−1.8499 (−0.54)	0.382*** (8.18)	12.79*** (5.88)	0.460*** (4.46)	0.314*** (6.66)	9.959*** (4.70)
URBAN	0.304*** (3.11)	0.106*** (7.68)	0.532 (0.87)	2.4943*** (3.52)	0.127*** (12.92)	0.375 (0.83)	0.199*** (9.36)	0.0882*** (8.60)	−1.075** (−2.34)
INFRA	−0.120*** (−4.23)	0.0237*** (5.90)	1.630*** (9.14)	−0.9634*** (−4.01)	0.0116*** (3.50)	1.310*** (8.51)	0.0526*** (7.31)	0.0043 (1.26)	1.038*** (6.82)
lnPDGP	0.0412*** (3.11)	−0.0019 (−1.01)	−0.328*** (−3.95)	−0.3623*** (−3.24)	0.0010 (0.65)	−0.345*** (−4.84)	0.0035 (1.06)	0.0007 (0.45)	0.343*** (5.06)
M		0.0064 (1.05)	0.504* (1.86)		0.0023*** (4.12)	0.0684*** (2.61)		0.184*** (9.85)	6.436*** (7.67)
CONS	2.475*** (11.07)	0.712*** (20.49)	9.284*** (6.02)	−2.447 (−1.43)	0.642*** (29.77)	3.964*** (3.66)	0.247*** (4.82)	0.595*** (25.32)	2.544** (2.41)
豪斯曼检验	[0.0129]	[0.0057]	[0.0000]	[0.0000]	[0.2982]	[0.0001]	[0.0000]	[0.0007]	[0.0000]
R^2	0.0795	0.6171	0.4920	0.2414	0.6836	0.4673	0.3857	0.5864	0.5107
样本量	573	573	573	630	630	630	630	630	630
中介效应		显著	显著		显著	显著		显著	显著

注：小括号内为 t 值，中括号内为相应检验的 P 值；***、** 和 * 分别表示通过 1%、5% 和 10% 显著性水平检验。

模型 15 ～模型 17 是制造业服务化对产业结构升级的服务消费需求中介效应检验结果。在模型 15 中制造业服务化的系数显著为正，表明服务化生产模式能够改变消费需求结构，刺激服务产品消费需求的提升。在模型 16 和模型 17 中服务产品消费需求的估计系数显著为正，并且制造业服务化的估计系数显著为正，说明制造业服务化能够刺激服务消费需求，而服务消费需求提升对产业结构合理化、高级化有正向作用，从而证实服务消费需求提升是制造业服务化生存模式推动产业结构升级的另一渠道，与理论预期一致。

四、稳健性检验

为了确保所得实证结论的可信度，本书从多个角度运用多种方法对基准估计结果进行多种稳健性检验。首先，对计量模型中核心解释变量选取合理性问题进行考察，利用替换指标法进行再次估计。其次，考虑样本选择可能存在的偏差问题，将基准估计中使用的总样本按照经济发展特征不同，划分样本子集进行回归分析。再次，对样本数据中的离群值进行必要的处理，利用缩尾和截尾处理后的样本重新估计。最后，考虑到模型设置上可能存在的偏误，重新设定动态面板回归模型，并使用 GMM 估计法进行回归分析。

（一）以直接消耗系数衡量制造业服务化的检验

前文利用制造业对各服务部门的加权完全消耗系数衡量制造业服务化水平。完全消耗系数核算了部门之间的全部间接消耗，本质上反映了制造部门与服务部门之间的相关依存与制约关系。由于一些部门之间的间接经济联系非常紧密，另一些部门之间的间接经济关联相对薄弱，导致完全消耗系数可能会夸大实际经济联系。因此，本书利用直接消耗系数更直观地反映产业部门之间的经济联系，并且对直接消耗系数进行 5% 缩尾处理后，重新进行估计。在表 5-6 中，模型 18 和模型 19 制造业服务化变量的系数符号和显著性保持不变，并且估计系数明显大于基准估计对应的系数。原因是，直接消耗系数未衡量制造业生产中对服务部门的间接使用，但是部门之间存在的间接关联导致直接消耗系数提高 1 个单位，间接消耗系数上升幅度往往远大于 1 个单位，因而直接消耗系数对产业结构升级的作用强度相对较大。总之，替换关键指标的实证结果仍支持“服务化对产业结构升级有积极影响”的结论，估计结果稳健。

（二）基于国家（地区）差异的制造业服务化对产业结构升级的影响检验

本章选取跨国面板数据考察制造业服务化对产业结构升级的影响，总样本估计结果表明服务化生产模式对产业结构合理化、高级化发展具有正向促进作用。实际上，由于发达国家和发展中国家之间的人力资本、生产技术水平、资源禀赋与经济水平存在较大差距，相应的制造业服务化发展程度也存在比较显著的差异，这可能会影响服务化生产模式对不同国家（地区）产业结构升级的作用效果。因此，将总样本按照经济发展水平划分为发达国家和发展中国家[①]两个子样本进行估计，结果汇总于表 5-6 的模型 20 ～模型 23。

显然，制造业服务化对产业结构合理化、高级化的推动作用在发达国家和发展中国家皆成立，本书的核心结论在分样本估计中仍然成立。但是，对比两个子样本的估计系数发现，以产业结构合理化为被解释变量时，发展中国家制造业服务化的系数明显大于发达国家，说明服务化生产模式对发展中国家三次产业之间结构布局优化的作用效果更强，对发达国家的作用相对有限。以产业结构高级化为被解释变量时，情况则相反，发展中国家制造业服务化的系数明显小于发达国家，说明服务化生产模式对发展中国家主导产业由工业向服务业转变的作用相对有限，对发达国家的作用强度更大。

---

① 划分依据：联合国开发计划署（UNDP）《2010 年人文发展报告》对世界各国的分组。发展中国家包括：中国、印度尼西亚、印度、巴西、俄罗斯、墨西哥、土耳其、保加利亚、克罗地亚、立陶宛、罗马尼亚和拉脱维亚等 12 个国家（地区），剩下的 30 个国家（地区）为发达国家（地区）。

表 5-6　替换指标检验和分样本检验结果

变量	直接消耗系数		发达国家		发展中国家	
	lnRIS	OIS	lnRIS	OIS	lnRIS	OIS
	模型 18	模型 19	模型 20	模型 21	模型 22	模型 23
SERV	0.105*** （4.23）	3.768*** （3.42）	0.0304*** （5.86）	2.362*** （7.08）	0.122*** （6.76）	0.694*** （2.73）
lnKL	0.0099*** （4.14）	−0.287*** （−2.69）	0.0179*** （5.01）	1.081*** （4.71）	0.0132*** （2.96）	0.237*** （3.74）
TOPEN	0.0089*** （3.11）	0.702*** （5.48）	0.0174*** （7.50）	0.988*** （6.63）	0.0177** （2.52）	0.157 （1.54）
FDI	0.0012 （1.13）	0.110** （2.34）	0.0019** （2.49）	0.124** （2.51）	−0.0342 （−1.46）	−0.380 （−1.21）
GOVC	0.288*** （5.42）	9.061*** （3.84）	0.740*** （15.24）	21.08*** （6.76）	0.226** （2.20）	10.40*** （6.77）
URBAN	0.137*** （13.09）	0.712 （1.53）	0.0323 （1.60）	−1.000 （−0.77）	0.113*** （6.73）	−0.692*** （−2.90）
INFRA	0.0165*** （4.71）	1.559*** （9.98）	0.0309*** （8.44）	1.861*** （7.92）	−0.0191** （−2.04）	0.170 （1.29）
lnPDGP	0.0019 （1.13）	0.315*** （4.17）	−0.0022 （−1.15）	−0.493*** （−4.12）	0.0099*** （3.32）	−0.0517 （−1.25）
CONS	0.670*** （26.58）	5.398*** （4.82）	1.075*** （24.79）	16.20*** （5.81）	0.547*** （12.47）	−0.979 （−1.54）
豪斯曼检验	[0.0839]	[0.0000]	[0.0000]	[0.0000]	[0.7521]	[0.9758]
R^2	0.6802	0.3784	0.7322	0.5390	0.8512	0.3810
样本量	600	600	450	450	180	180

注：小括号内为 t 值，中括号内为相应检验的 P 值；***、** 和 * 分别表示通过 1%、5% 和 10% 显著性水平检验。

（三）考虑重大经济事件的分时段检验

2007 年 4 月美国爆发次贷危机。在深度全球化和国际金融体系长期失衡的双重影响下，金融风暴迅速席卷全球，世界经济增速明显放缓，部分国家或地区陷入衰退，2008—2009 年全球 GDP 下降 2.2%，全球贸易总额下降 14.4%。此次金融危机对全球制造业造成前所未有的冲击，2000—2008 年全球制造业增加值年平均增长率为 3.1%，但是 2009 年下降了 4.6%，尤其是发达国家降幅达到了 8.1%。商品经济的持续低迷，促使服务经济愈发受到各国重视。尽管危机期间制造业遭遇重挫，但服务化生产模式继续受到主要发达国家的推崇。根据制造业服务化水平测算，2008 年样本国家制造业服务化均值为 58.13%，2009 年为 58.07%，降幅仅为 0.05%。那么，2008 年国际金融危机前后，制造业服务化对产业结构升级是否存在异质性的影响效应？为此，以金融危机发生时间为界限将样本划分为 2000—2007 年和 2008—2014 年两个时段进行回归分析，如表 5-7 所示。

总体而言，金融危机前后均存在制造业服务化生产模式对产业结构升级的正向效应，表明本书基本结论未受金融危机的影响而发生实质性改变。但是，危机后制造业服务化对产业结构合理化的估计系数不足金融危机前的 50%，降幅非常明显，反映出金融危机的发生弱化了服务化生产模式对产业结构合理化的推动效应。而金融危机发生后制造业服务化对产业结构高级化的推动作用相比金融危机发生前有较小幅度的上升。

表 5-7　金融危机发生前后的检验结果

变量	2000—2007 年		2008—2014 年	
	lnRIS	OIS	lnRIS	OIS
	模型 24	模型 25	模型 26	模型 27
SERV	0.0835*** （7.80）	1.867*** （8.15）	0.0404*** （5.28）	2.068*** （4.39）
lnKL	0.0220*** （5.31）	0.173* （1.96）	0.0126** （2.22）	−1.191*** （−3.39）
TOPEN	−0.0006 （−0.15）	0.64* （1.88）	−0.0084** （−2.43）	0.180 （0.85）
FDI	0.0072*** （7.06）	0.273*** （12.51）	−0.0008 （−0.06）	−0.0389 （−0.48）
GOVC	0.453*** （5.88）	11.08*** （6.72）	0.376*** （5.92）	9.812*** （2.51）
URBAN	0.109*** （10.29）	−0.549** （−2.42）	0.0599 （1.35）	0.962 （0.35）

续表

变量	2000—2007 年		2008—2014 年	
	lnRIS	OIS	lnRIS	OIS
	模型 24	模型 25	模型 26	模型 27
INFRA	−0.0107* (−2.62)	0.460*** (5.27)	0.0378*** (5.98)	3.257*** (8.37)
lnPDGP	0.0090*** (4.71)	−0.151*** (−3.68)	−0.0088*** (−2.72)	−0.325 (−1.64)
CONS	0.459*** (10.20)	−0.236 (−0.24)	0.793*** (15.25)	14.93*** (4.67)
豪斯曼检验	[0.0499]	[0.0164]	[0.0055]	[0.0000]
R^2	0.7847	0.5276	0.4728	0.3415
样本量	336	336	294	294

注：小括号内为 t 值，中括号内为相应检验的 P 值；***、** 和 * 分别表示通过 1%、5% 和 10% 显著性水平检验。

（四）考虑离群值的制造业服务化对产业结构升级的影响检验

离群值又称极端观测值，指少数离大部分观测值很远的异常样本点。极端观测值可能对回归系数产生很大的影响。为了避免离群值对估计结果有效性的影响，依次对估计模型进行缩尾处理和截尾处理，如表 5-8 所示。

缩尾处理的做法是：将制造业服务化样本数据落在（2.5%，97.5%）分位数之外的样本点，分别替换为 2.5% 和 97.5% 分位数上的数据，重新估计方程（5.1）。前后 2.5% 缩尾处理后制造业服务化对产业结构升级变量的估计系数大小和显著性未发生实质性改变，其他控制变量的估计结果也未发生明显变化。估计结果支持制造业服务化对产业结构升级有显著正向影响的结论。

截尾处理的做法是：将制造业服务化小于 10% 分位数及大于 90% 分位数上的样本数据直接删除，重新对方程（5.1）进行估计。截尾处理后制造业服务化对产业结构升级指标的估计系数显著为正，其他控制变量的估计结果也未发生明显变化，同样表明制造业服务化对产业结构升级存在推动作用。总之，离群值没有对估计结果造成实质性影响，估计结果稳健。

表 5-8 剔除离群值的检验结果

变量	缩尾处理（2.5%，97.5%）		截尾处理（10%，90%）	
	lnRIS	OIS	lnRIS	OIS
	模型 28	模型 29	模型 30	模型 31
SERV	0.0524*** (6.97)	2.519*** (7.48)	0.0787*** (9.19)	2.041*** (5.43)
lnKL	0.0124*** (5.75)	0.191* (1.84)	0.0199*** (7.29)	0.0069 (0.06)
TOPEN	0.0095*** (3.80)	0.680*** (5.77)	−0.0119*** (−3.54)	−0.248* (−1.69)
FDI	0.0010 (0.97)	0.097** (2.13)	0.0021 (0.80)	0.319*** (2.73)
GOVC	0.402*** (8.51)	13.04*** (5.95)	0.285*** (5.86)	11.13*** (5.21)
URBAN	0.120*** (12.16)	0.173 (0.38)	0.100*** (8.80)	−0.333 (−0.67)
INFRA	0.0131*** (3.91)	1.388*** (9.07)	0.0176*** (5.02)	1.740*** (11.31)
lnPDGP	0.0016 (1.00)	0.337*** (4.73)	−0.0013 (−0.75)	0.487*** (6.60)
CONS	0.637*** (28.87)	3.931*** (3.58)	0.605*** (21.19)	4.637*** (3.70)
豪斯曼检验	[0.2323]	[0.0001]	[0.0171]	[0.0000]
R^2	0.7052	0.4577	0.6836	0.4328
样本量	630	630	510	510

注：小括号内为 t 值，中括号内为相应检验的 P 值；***、** 和 * 分别表示通过 1%、5% 和 10% 显著性水平检验。

（五）基于动态面板回归模型的再检验

产业结构升级是长期的动态演化过程，是在已有产业结构基础上的进一步改造与优化。换言之，当前产业结构升级很可能依赖于前一期的产业结构状况，导致产业结构升级具有明显的“前期滞后性和作用效应延续性”。因此，接下来的分析中将产业结构升级的滞后项作为解释变量引入模型，以考察产业结构升级的动态变化。尽管2SLS和GMM法可在一定程度上降低前一期产业结构升级遗漏导致的估计偏差，但为了更精确地分析制造业服务化对产业结构升级的影响，在方程（5.1）的基础上，建立以下动态面板回归模型：

$$IS_{ct} = \alpha_0 + \alpha_1 IS_{ct-1} + \alpha_2 SERV_{ct} + \delta X_{ct} + \lambda_c + \gamma_t + \varepsilon_{ct} \quad (5.8)$$

其中：IS_{ct-1} 表示 $(t-1)$ 的产业结构升级各变量；α_0 为回归截距项；α_1 衡量前期产业结构对本期产业结构升级的影响；α_2 衡量制造业服务化对产业结构升级的影响；其他变量与方程（5.1）一致，此处不再赘述。模型中引入被解释变量的滞后项同样会导致模型内生性问题。差分GMM和系统GMM法是解决动态面板回归模型内生性问题的常用方法。其中，差分GMM是通过对回归方程进行一阶差分处理以消除个体效应 λ_c 的影响，此时若扰动项 ε_{ct} 不存在自相关，则以 IS_{ct-2} 作为 ΔIS_{ct-1} 的工具变量就可以消除内生性的影响，得到有效估计量。系统GMM综合了差分GMM与水平GMM的信息，且能够更好地克服弱工具变量问题，估计结果相较差分GMM更为有效。因此，动态面板回归模型的估计结果以系统GMM估计结果为准。表5-9和表5-10分别给出了以产业结构合理化、高级化为被解释变量的动态面板回归模型的差分GMM、系统GMM检验结果。

GMM估计之前需检验扰动项 ε_{ct} 的相关性。一般认为，当扰动项的一阶差分存在自相关，而二阶及以上差分不存在自相关时，可判定扰动项不存在自相关。GMM估计有效的前提条件有两点：①扰动项无二阶自相关；②工具变量不存在过度识别问题。因此，本书总结了扰动项一阶、二阶自相关性检验和过度识别检验结果。表5-9中的扰动项 ε_{ct} 均满足：AR（1）检验的伴随概率均小于0.1，即扰动项的一阶差分自相关；而AR（2）检验的伴随概率大于0.1，即扰动项的二阶差分无自相关；Hansen J检验的P值大于0.1，表明工具变量不存在过度识别问题，通过了系统

GMM 估计的前提要求，估计结果有效。另外，模型 32 ～模型 35 前期产业结构合理化 L.lnRIS 的估计系数均为正且通过 1% 显著性水平检验，表明前期产业结构合理性对本期产业结构合理化具有积极影响。制造业服务化的估计系数显著为正，表明制造业服务化对产业结构合理化发展具有积极影响。引入产业结构合理化的滞后项后，估计结果稳健。

表 5-10 是以产业结构高级化为被解释变量的估计结果。扰动项自相关检验和过度识别检验表明系统 GMM 估计结果有效。模型 36 ～模型 39 产业结构高级化一阶滞后项 L.OIS 的估计系数均显著为正，说明制造业服务化与产业结构高级化的动态效应。制造业服务化估计系数显著为正，说明考虑产业结构高级化的动态性后，依旧可以得出服务化对产业结构升级有推动作用的基本结论。

表 5-9　动态面板回归模型检验结果：以产业结构合理化为被解释变量

变量	差分 GMM（1）	差分 GMM（2）	系统 GMM（1）	系统 GMM（2）
	模型 32	模型 33	模型 34	模型 35
L.lnRIS	−0.104*** （−19.45）	−0.117*** （−9.49）	0.295*** （19.31）	0.316*** （33.17）
L.2lnRIS		−0.0348** （−2.22）		0.217*** （19.77）
SERV	0.0737*** （16.73）	0.0702*** （16.68）	0.0405*** （6.51）	0.0270*** （4.59）
控制变量	控制	控制	控制	控制
CONS			0.423*** （26.66）	0.269*** （16.44）
AR（1）	−0.21 [0.833]	−0.25 [0.804]	−1.92 [0.055]	−1.70 [0.090]
AR（2）	0.67 [0.505]	1.20 [0.231]	0.26 [0.798]	−1.07 [0.294]
Hansen J	35.59 [0.001]	30.51 [0.107]	39.81 [0.434]	39.85 [0.263]
样本量	546	504	588	546

注：小括号内为 t 值，中括号内为相应检验的 P 值；***、** 和 * 分别表示通过 1%、5% 和 10% 显著性水平检验；控制变量同表 5-3。

表 5-10　动态面板回归模型检验结果：以产业结构高级化为被解释变量

变量	差分 GMM（1）	差分 GMM（2）	系统 GMM（1）	系统 GMM（2）
	模型 36	模型 37	模型 38	模型 39
L.OIS	0.456^{***} （21.51）	0.232^{***} （20.11）	1.118^{***} （308.61）	0.987^{***} （51.04）
L.2OIS		0.493^{***} （25.49）		0.170^{***} （7.59）
SERV	2.570^{***} （13.74）	2.355^{***} （11.42）	0.184^{***} （3.10）	0.240^{***} （6.94）
控制变量	控制	控制	控制	控制
CONS			0.0664 （0.80）	0.170 （1.47）
AR（1）	−1.33 [0.183]	−0.59 [0.557]	−3.59 [0.000]	−3.48 [0.001]
AR（2）	−0.92 [0.359]	−1.76 [0.079]	−1.44 [0.149]	−1.34 [0.182]
Hansen J	36.85 [0.060]	33.36 [0.057]	39.09 [0.446]	40.12 [40.12]
样本量	546	504	588	546

注：小括号内为 t 值，中括号内为相应检验的 P 值；***、** 和 * 分别表示通过 1%、5% 和 10% 显著性水平检验；控制变量同表 5-3。

五、扩展性研究

（一）制造业服务化对产业结构升级的滞后效应分析

制造业开展服务化变革时，需要一定的时间进行组织模式调整、资金筹集、战略流程选择、人员配备、要素配置等各环节的统筹规划；而且从服务化战略实施到生产性服务集聚、要素投入结构优化、催生高端要素匹配需求、促进产业集聚、发挥规模经济效应与产业关联效应等也需要时间；此外，制造业服务化战略通过技术创新效应、全球消费需求效应和价值链参与效应助力宏观产业结构升级仍需要时间。这说明制造业服务化虽然能够带动产业结构升级，但是其影响效果可能存在滞后效应。因此，接下来通过动态分析检验服务化生产模式的产业结构升级滞后效应。此处动态分析是将关键变量制造业服务化滞后若干期，考察当期服务化生产模式对未来产业结构升级的影响。

表 5-11 是以产业结构合理化为被解释变量滞后效应检验结果。服务化生产模式对当期产业结构合理化的促进作用最大，估计系数为 0.046；对第二期、第三期产业结构合理化的系数分别为 0.033 与 0.018，且均通过 5% 显著性水平检验；服务化生产模式对第四期产业结构合理化的估计系数为正，但不再显著。上述估计结果说明，制造业服务化对产业结构合理化的影响确实存在滞后效应，尽管作用强度随着时间推移而降低，但是作用效果可以持续至第三期，即实施服务化模式的当年与之后两年。

表 5-11　滞后效应检验结果：以产业结构合理化为被解释变量

变量	模型 40	模型 41	模型 42	模型 43
SERV	0.046*** (7.27)			
L.SERV		0.033** (4.87)		
L.2SERV			0.018** (2.53)	
L.3SERV				0.0039 (0.54)
控制变量	控制	控制	控制	控制
CONS	0.640*** (29.24)	0.6568*** (27.08)	0.737*** (23.57)	0.778*** (23.38)
豪斯曼检验	[0.2591]	[0.1413]	[0.0722]	[0.0187]
R^2	0.7063	0.6880	0.6713	0.6331
样本量	630	588	546	504

注：小括号内为 t 值，中括号内为相应检验的 P 值；***、** 和 * 分别表示通过 1%、5% 和 10% 显著性水平检验；控制变量同表 5-3。

制造业服务化对产业结构高级化的影响也存在滞后效应，如表 5-12 所示。对当前产业结构高级化的作用强度最大，系数为 2.185；对第二期、第三期、第四期产业结构高级化的估计系数显著，分别为 1.757、1.136 和 0.742。总之，服务化生产模式对产业结构高级化的影响强度随时间推移而下降，作用效果可持续至第四期，第五期的估计系数不再显著。这说明制造业服务化对产业结构升级的影响具有持续性。

表 5-12 滞后效应检验结果：以产业结构高级化为被解释变量

变量	模型 44	模型 45	模型 46	模型 47	模型 48
SERV	2.185*** (7.74)				
L.SERV		1.757*** (5.76)			
L.2SERV			1.136*** (3.42)		
L.3SERV				0.742** (2.11)	
L.4SERV					0.453 (1.20)
控制变量	控制	控制	控制	控制	控制
CONS	4.132*** (3.81)	4.910*** (3.92)	6.177*** (4.24)	7.987*** (4.86)	9.978*** (5.42)
豪斯曼检验	[0.0001]	[0.0001]	[0.0001]	[0.0000]	[0.0000]
R^2	0.4610	0.4325	0.4193	0.4043	0.3963
样本量	630	588	546	504	462

注：小括号内为 t 值，中括号内为相应检验的 P 值；***、** 和 * 分别表示通过 1%、5% 和 10% 显著性水平检验；控制变量同表 5-3。

（二）基于服务业类型差异的分析

通常按照核心功能差异，可将服务业区分为生产性服务业和生活性服务业两类。生产性服务业指用作其他商品与服务生产中间投入的服务（包括运输、通信、金融、保险、商务等），核心功能是满足企业生产需求。生活性服务业指直接为居民提供物质与精神生活的服务（包括餐饮、住宿、旅游、健康、养老等），重点满足生活与消费需求。一般而言，生产性服务投入与制造业之间的经济技术联系更加紧密。那么，两类不同服务业融入引起的服务化生产模式对产业结构升级的影响是否具有异质性？为此，分别考察制造业吸收生产性服务（简称生产性服务化）和生活性服务（简称生活性服务化）对产业结构升级的差异化影响。表 5-13 中生产性服务化和生活性服务化估计系数皆显著为正，说明制造业中无论融入生产性服务要素还是生活性服务要素均有助于产业结构升级。

表 5-13　基于服务业类型差异的检验结果

变量	生产性服务化		生活性服务化	
	lnRIS	OIS	lnRIS	OIS
	模型 49	模型 50	模型 51	模型 52
SERV	0.0546*** (6.14)	1.635*** (3.98)	0.0615*** (5.07)	4.697*** (9.09)
lnKL	0.0112*** (5.19)	−0.269** (−2.52)	0.0122*** (5.57)	−0.181* (−1.78)
TOPEN	0.0106*** (4.16)	0.689*** (5.62)	0.0085*** (3.34)	0.570*** (4.94)
FDI	0.0015 (1.46)	0.116** (2.45)	0.0007 (0.69)	0.0661 (1.47)
GOVC	0.384*** (8.07)	11.85*** (5.25)	0.406*** (8.44)	13.38*** (6.23)
URBAN	0.118*** (11.79)	0.244 (0.52)	0.128*** (12.84)	0.558 (1.27)
INFRA	0.0126*** (3.69)	1.483*** (9.24)	0.0171*** (5.13)	1.590*** (10.94)
lnPDGP	0.0025 (1.55)	−0.301*** (−4.09)	0.0014 (0.86)	−0.367*** (−5.25)
CONS	0.654*** (29.93)	5.331*** (4.80)	0.650*** (29.26)	4.227*** (4.00)
豪斯曼检验	[0.2324]	[0.0000]	[0.1464]	[0.0000]
R^2	0.6992	0.4212	0.6910	0.4795
样本量	630	630	630	630

注：小括号内为 t 值，中括号内为相应检验的 P 值；***、** 和 * 分别表示通过 1%、5% 和 10% 显著性水平检验。

此外，对比制造业生产性服务化和生活性服务化估计结果还得到一个意外的发现：无论以产业结构合理化还是产业结构高级化为被解释变量，生活性服务化的估计系数均大于相应的生产性服务化的估计系数。这意味着，生活性服务化对产业结构合理化、高级化的促进作用大于生产性服务化。一般认为，相比以满足消费需求为主要功能的生活性服务业，以满足生产需求为特征的生产性服务业融入制造业后，能够产生更强的产业关联效应、产业融合效应与技术外溢效应，进而对支撑服务经济下的技术创新和产业结构升级起着主导作用，因而，本书预期制造业生产性服务化对产业结构升级的作用强度大于生活性服务化。这与各国强调重点发展生产性服务业和高端服务业，引导产业向价值链高端攀升的产业发展战略相契合。然而，估计结果与预期相反，生活性服务化的作用强度更大。

（三）基于生产性服务业种类差异的分析

不同国际机构和国家（地区）关于生产性服务业的界定暂未达成一致。本节以联合国统计司执行的国际标准产业分类 ISIC（2004）对生产性服务业的范围界定为依据，将运输与仓储、信息与通信、金融与保险、专业与科技、房产出租租赁、行政支助、教育 7 个服务部门界定为生产性服务业。进一步测算样本国家制造业中运输与仓储服务化（TS-S）、信息与通信服务化（IC-S）、金融与保险服务化（FI-S）、专业与科技服务化（ST-S）、房产出租租赁服务化（RRL-S）、行政支助服务化（AS-S）、教育服务化（EDU-S）水平。在控制其他影响因素后，估计 7 类不同的生产性服务化对产业结构升级的影响。

表 5-14 以产业结构合理化为被解释变量的估计结果显示：模型 58 行政支助服务化的系数为正，但不显著，说明行政支助类服务要素融入制造业中未对样本国家的产业结构合理化发展起到促进作用。其他 6 种生产性服务化的系数皆显著为正值，表明这些生产性服务业进入制造业中促进了产业结构布局的合理化发展，但不同种类生产性服务的融入对

产业结构合理化的作用大小与显著性存在差异。教育服务化的影响强度最大，房产出租租赁服务化、信息与通信服务化、专业与科技服务化次之，相较之下运输与仓储服务化、金融与保险服务化的促进作用较小。

表 5-15 是以产业结构高级化为被解释变量的估计结果。模型 60 运输与仓储服务化的系数为正，但不显著；模型 65 行政支助服务化的系数显著为负，表明制造业生产中融入运输与仓储服务、行政支助服务并不能有效促进样本国家产业结构高级化发展。模型 61 ～模型 64 及模型 66 的估计结果显示，信息与通信服务化、金融与保险服务化、专业与科技服务化、房产出租租赁服务化、教育服务化的系数显著为正。其中，教育服务化、信息与通信服务化、房产出租租赁服务化的估计系数最大，远大于基准估计的系数（2.185），专业与科技服务化的估计系数接近基准估计系数的两倍，运输与仓储服务化的估计系数相对较小。此外，各控制变量的系数大小和显著性与基准估计结果相比未发生实质性变化，此处不再赘述。

表 5-14　不同生产性服务化检验结果：以产业结构合理化为被解释变量

变量	模型 53	模型 54	模型 55	模型 56	模型 57	模型 58	模型 59
TS-S	0.0645*** (2.74)						
IC-S		0.389*** (7.00)					
FI-S			0.0393* (1.70)				
ST-S				0.138*** (5.18)			
RRL-S					0.612*** (9.81)		
AS-S						0.0050 (0.13)	
EDU-S							2.371*** (7.98)

续表

变量	模型 53	模型 54	模型 55	模型 56	模型 57	模型 58	模型 59
控制变量	控制	控制	控制	控制	控制	控制	控制
CONS	0.653*** (23.99)	0.644*** (26.02)	0.672*** (30.34)	0.688*** (31.28)	0.673*** (28.85)	0.682*** (27.07)	0.663*** (27.60)
豪斯曼检验	[0.0553]	[0.0214]	[0.1865]	[0.2164]	[0.0432]	[0.0945]	[0.0533]
R^2	0.6526	0.6755	0.6952	0.7020	0.6982	0.6481	0.6829
样本量	630	630	630	630	630	630	630

注：小括号内为 t 值，中括号内为相应检验的 P 值；***、** 和 * 分别表示通过 1%、5% 和 10% 显著性水平检验；控制变量同表 5-3。

表 5-15 不同生产性服务化检验结果：以产业结构高级化为被解释变量

变量	模型 60	模型 61	模型 62	模型 63	模型 64	模型 65	模型 66
TS-S	1.038 (0.99)						
IC-S		20.41*** (8.51)					
FI-S			2.134** (2.00)				
ST-S				4.221*** (3.47)			
RRL-S					19.39*** (6.80)		
AS-S						−4.996*** (−2.90)	
EDU-S							23.30* (1.70)
控制变量	控制	控制	控制	控制	控制	控制	控制
CONS	5.652*** (4.70)	4.155*** (3.88)	6.067*** (5.49)	6.561*** (5.94)	5.853*** (5.49)	6.082*** (5.53)	5.936*** (5.35)
豪斯曼检验	[0.0000]	[0.0000]	[0.0000]	[0.0000]	[0.0000]	[0.0000]	[0.0000]
R^2	0.4064	0.4713	0.4094	0.4175	0.4492	0.4138	0.4083
样本量	630	630	630	630	630	630	630

注：小括号内为 t 值，中括号内为相应检验的 P 值；***、** 和 * 分别表示通过 1%、5% 和 10% 显著性水平检验；控制变量同表 5-3。

总而言之，区分 7 种生产性服务化的估计结果显示：制造业投入教育服务、房产出租租赁服务、信息与通信服务、专业与科技服务、金融与保险服务皆有利于产业结构合理化、高级化发展，但是不同种类生产性服务融入对产业结构升级的影响强度和显著性存在较大差别，以下几点值得引起注意。

第一，运输与仓储服务、金融与保险服务与制造业的生产联系颇为紧密。样本国家运输与仓储服务化、金融与保险服务化水平的平均值达到了 4.5% 左右，但以上两类服务化对产业结构升级的影响系数较小，作用效果相对有限。

第二，信息与通信服务化对产业结构合理化、高级化的提升作用非常明显。许多研究证实信息与通信服务业的技术复杂度较高，因而在生产中增加信息与通信类服务要素的投入能有效提高价值创造能力，并强化技术溢出效应，从而对产业结构升级产生可观的影响。

第三，教育服务化对产业结构合理化、高级化的提升作用最大。这意味着教育服务融入制造业中能显著改善国家（地区）三次产业之间及第二、第三产业之间的结构布局。但是，制造业服务化测算结果显示：2014 年发达国家平均教育服务化水平为 0.43%，发展中国家仅为 0.23%，制造业生产中的教育投入比例明显偏低，这意味着教育服务尚未与制造业生产建立紧密的生产关联。因此，进一步加大教育服务投入对样本国家（地区）产业结构优化是有利的。

第四，行政支助服务化对产业结构合理化的影响不显著，对产业结构高级化产生了负向影响。因此，为获得产业结构升级应尽量控制行政支助类服务投入。

第五，房产出租租赁服务、专业与科技服务融入对产业结构合理化、高级化皆有正向影响，但房产出租租赁服务的作用强度较大，专业与科技服务的作用相对有限。

以上分析结果可以为国家（地区）生产性服务业发展战略部署及制造业服务化战略制定提供一定的现实依据。

第四节　本章小结

本章利用中介效应分析法，结合跨国层面样本数据，实证分析了制造业服务化对产业结构升级的影响，得出以下基本结论：第一，制造业服务化有助于产业结构实现合理化、高级化发展。在考虑模型设定内生性、替换关键指标、分样本估计、重大事件影响、剔除异常样本值、更换计量估计模型和估计方法后，估计结果依旧稳健。第二，利用中介效应分析法检验影响机制的结果证实，制造业服务化生产模式可以通过人力资本积累效应、技术创新效应和服务产品消费需求效应等途径促进产业结构合理化与高级化发展。第三，制造业服务化对发展中国家产业结构合理化的影响强度明显大于发达国家，但是对发展中国家产业结构高级化的促进作用远远小于发达国家。第四，生活性服务业融入导致的制造业服务化对产业结构升级的作用力度大于生产性服务业。第五，教育服务化、信息与通信服务化对产业结构升级的影响强度较大，故而加大教育、信息与通信服务能显著改善三次产业之间的结构布局，促进主导产业由工业向服务业转变升级；专业与科技服务化、运输与仓储服务化、金融与服务化对产业结构升级的影响强度较为有限；行政支助服务化不利于产业结构升级，应该尽量控制制造业生产中对行政支助服务的依赖。

CHAPTER 6 第六章

制造业服务化与产业结构升级——对中国的经验分析

本章首先利用时间序列数据对制造业服务化与中国总体层面产业结构升级的关系进行协整检验，证实服务化与中国产业结构升级之间存在长期稳定关系。然后，基于2002—2016年30个省、自治区、直辖市的平衡面板数据，构建计量分析模型，实证考察制造业服务化对中国地区层面产业结构升级的影响。

自1978年改革开放以来，中国产业结构优化调整的步伐不断加快，产业整体结构明显优化，资本、技术密集型产业占比逐年提高。《中国统计年鉴2017》公布的三次产业产值数据显示，1978年三次产业的产值份额分别为27.7%、47.7%、24.6%；2016年三次产业的产值比例分别为8.6%、39.8%、51.6%。不难看出，改革开放初期，中国服务业产值比重明显偏低，是中国经济社会发展的“短板”之一。进入21世纪以后，服务业得到快速发展，日益成为经济增长“新引擎”。2013年中国首次出现第三产业产值比重最大、第二产业次之、第一产业最小的工业化进程中后期的典型产业格局。

受2008年国际金融危机后全球经济下行压力的影响，以及国际竞争日趋激烈及去全球化现象的裹挟，中国产业发展面临前所未有的挑战。其一，掌握全球价值链治理主导权与话语权的发达国家，为了维护既有价值链分工利益或出于政治目的，对中国产业结构升级和全球分工位势优化之举重重打压，导致产业结构升级的外部阻力较大。其二，中国长期作为“世界工厂”的代工生产模式致使大量企业处于被动地位，偏离研发、设计、品牌、管理、营销等核心技术密集型生产环节，仅从事简单的加工、装配活动，造成产业结构攀升内在动力不足。其三，客观存在的技术能力差距及中西部地区薄弱的产业基础导致中国产业结构升级之路更加艰难。

与此同时，新一轮产业变革与科技革命正全面兴起。如此一来，中国亟待进行产业结构和产业运行机制等方面的深刻变革。对制造业而言，在主要发达国家开展服务化生产模式的引导下，越来越多的中国企业也开始了服务化转型之路。根据WIOD数据库中国投入产出表的测算发现，2014年中国制造业总投入服务化水平达到48.37%，尽管与主要发达国家之间还存在差距，但在发展中国家里已属较高水平。而制造业中高端服务化水平达到了17.78%，揭示中国制造业融入了越来越多高端生产性服务要素，呈现明显的服务业与制造业共生融合、协同发展趋势。那么，中国能否利用全球制造业生产模式服务化变革的重要契机，克服现有产业结构升级困境，实现产业结构持续优化？对中国而言，服务化影响产业结构升级的关键路径又有哪些？本章从中国产业结构升级面临的内外部环境和具体特征出发，构建更具现实意义的计量模型，先利用时间序列数据，从中国整体层面考察制造业服务化与产业结构升级之间的长期关系；接着利用中国 30 个[①]省、自治区、直辖市的面板数据作为研究样本，进一步详细考察制造业服务化对中国产业结构合理化与高级化发展的影响。

第一节 基于时间序列数据的经验分析

本节利用协整检验，分析中国制造业服务化发展与产业结构升级的关系。由于中国国家统计局只在逢 2 和逢 7 年份[②]编制国家层面的投入产出表，投入产出数据的不连续导致无法进行制造业服务化与产业结构升级的协整分析。为了使样本数据时间跨度尽可能长且得到连续数据，便于分析制造业服务化与产业结构的变化特征，本节选取 WIOD 数据库中国投入产出表测算制造业服务化水平。WIOD 数据库分别于 2013 年提供了 40 个国家（地区）1995—2011 年的投入产出表，于 2016 年提供了 43 个国家（地区）2000—2014 年的投入产出数据，两个版本的数据均包含中国的投入产出表。不同的是，2013 版遵循 ISIC Rev.3 行业分类标准，

① 由于西藏自治区在 2012 年才编制第一张地区投入产出表，缺乏 2002 年和 2007 年的投入产出数据，无法计算西藏自治区制造业服务化水平，因而在实证分析中剔除西藏自治区样本。仅用剩下 30 个省、自治区、直辖市的样本数据做计量检验。

② 截至 2022 年 6 月，只在 1987 年、1992 年、1997 年、2002 年、2007 年、2012 年、2017 年和 2018 年共八张全国投入产出正式表。

共有35个行业，其中制造业行业14个[①]；2016版遵循ISIC Rev.4行业分类标准，共有56个行业，其中制造业行业19个。为了使样本跨度尽可能长，本书综合两个版本的数据，选取1995—2014年为实证分析的样本期。其中，1995—2011年制造业服务化水平根据2013版WIOD数据库中国投入产出表测算，2012—2014年制造业服务化水平根据2016版WIOD数据库中国投入产出表计算得到。

一、变量说明

为了考察制造业服务化对中国整体层面产业结构升级的影响，本节选取制造业服务化和产业结构升级变量进行协整分析。受投入产出数据限制，只能获得1995—2014年中国制造业整体层面的制造业服务化水平，因此，协整分析的样本期间为1995—2014年。由于时间序列数据的样本期较少，此处未引入其他控制变量，仅就制造业服务化与产业结构升级二者之间的关系进行初步考察。

（一）被解释变量：产业结构升级（IS）

从产业结构合理化、高级化两个角度评估产业结构升级。产业结构合理化利用优化的产业结构合理化指标（RIS）衡量，产业结构高级化利用优化的产业结构高级化指标（OIS）衡量。以上中国整体层面产业结构升级指标利用三次产业增加值比重计算，三次产业增加值原始数据来自WIOD数据库中国投入产出表。

（二）解释变量：制造业服务化水平（SERV）

同样从投入服务化角度衡量制造业服务化水平。首先，计算各制造

① 14个制造业行业分别为：食品、饮料和烟草制造业；纺织产品制造业；皮革，皮革与鞋类制造业；木材和木材产品制造业；纸、纸制品、印刷和出版业；炼焦、精炼石油和核燃料制造业；化学和化工品制造业；橡胶和塑料制造业；其他非金属矿物制造业；基本金属和金属制造业；机械与电气制造业；电气和光学设备制造业；运输设备制造业；制造、Nec、回收利用业。

业行业对服务部门的完全消耗系数，得到行业层面制造业服务化水平。其次，以各制造业行业产值为权重，加权得到中国制造业的整体服务化水平。最后，由于 WIOD 数据库提供了两个版本的中国投入产出表，且两个版本的数据使用不同的行业分类标准，为了保持计算结果的一致性，先按照 ISIC Rev.3 与 ISIC Rev.4 行业对照表，对 2012—2014 年投入产出表进行行业合并与剔除，得到与 1995—2011 年行业划分一致的投入产出数据。

变量的自然对数变化可以降低时间序列数据可能存在的异方差问题，且自然对数变化不改变变量的协整关系。因此，对产业结构合理化变量（RIS）取对数形式（记为 lnRIS）。同时，为了避免小于 1 的变量取自然对数出现负值，而对产业结构高级化变量（OIS）、制造业服务化水平（SERV）不取对数。根据所测数据，图 6-1 为制造业服务化与中国整体产业结构升级的时间序列。总体上看，产业结构升级变量与制造业服务化具有较为一致的变化趋势，说明二者之间很可能存在长期均衡关系。

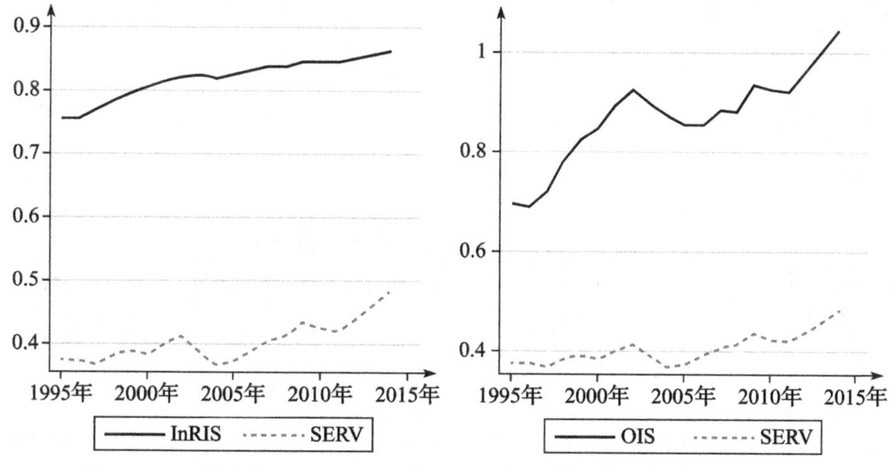

图 6-1 制造业服务化与中国整体产业结构升级的时间序列

二、计量方法和结果分析

（一）协整理论介绍

协整检验是考察变量之间长期均衡关系的方法。若两个或多个非平稳的变量序列，进行某个线性组合后的序列是平稳的，则称这些变量序列之间具有协整关系。变量之间的协整关系可以用数学公式表示为：

假设k维向量$Y_t=(y_{1t}, y_{2t}, \cdots, y_{kt})$的每个分量$y_t$都是d阶单整变量，记为I（d），若存在向量$=a(a_1, a_2, \cdots, a_k)$，使$Z_t=aY_t^T \sim I(d-b)$，即序列$Z_t=a_1y_{1t}+a_2y_{2t}+\cdots+a_{ky_{kt}}$是（d－b）阶单整变量，其中$0<b\leqslant d$，则认为序列$Y_t$是（d，b）阶协整，a为协整向量。

（二）平稳性检验

一些不具有直接关联的非平稳经济变量之间也可能呈现相同变化趋势，若直接使用非平稳经济变量进行回归，极有可能出现伪回归，使分析失去意义。为了得到有效估计结果，在协整分析之前需进行变量单位根检验，协整关系分析的前提是变量为同阶单整序列。因此，接下来使用最常见的ADF单位根检验法，考察产业结构合理化、产业结构高级化和制造业服务化水平的平稳性。由于滞后阶数选取对单位根检验结果有重要影响，根据最小化原理，综合FPE、AIC、HQIC与SBIC等信息准则选取最优滞后阶数。表6-1为时间序列变量单位根检验结果。

表6-1 时间序列变量单位根检验结果

变量	形式	ADF统计量	1%临界值	10%临界值	P值	结果
lnRIS	（c，t，2）	−2.973	−4.380	−3.240	0.1399	非平稳
OIS	（c，t，1）	−2.643	−4.380	−3.240	0.2605	非平稳
SERV	（c，t，3）	−0.959	−4.380	−3.240	0.9493	非平稳
DlnRIS	（c，0，0）	−2.954	−3.750	−2.630	0.0394	平稳
DOIS	（c，0，0）	−2.902	−3.750	−2.630	0.0428	平稳
DSERV	（c，0，2）	−1.967	−2.764	−1.372	0.0388	平稳

注：①D表示对变量一阶差分处理。②c、t分别表示带有常数项和带有趋势项。③最优滞后阶数根据最小化原理，由FPE、AIC、HQIC与SBIC信息准则综合确定。④DSERV的平稳性检验带了漂移项。

可见，产业结构合理化、高级化变量的ADF统计量显示无法拒绝变量存在单位根的原假设，表明产业结构升级指标是非平稳序列。而一阶差分后产业结构升级变量的平稳性检验结果可在5%显著性水平下拒绝差分变量存在单位根的原假设，即一阶差分后产业结构升级指标是平稳序列。制造业服务化序列的单位根检验结果为非平稳，一阶差分后制造业服务化为平稳序列。换言之，产业结构合理化、高级化和制造业服务化水平皆是I（1）序列，满足协整检验要求变量同阶单整的前提条件。

（三）协整检验结果及分析

上述分析说明产业结构升级变量与制造业服务化水平同为一阶单整序列，可进行协整检验。通常有两种协整检验方法：其一，EG-ADF检验法；其二，Johansen（1988）提出的利用MLE估计误差修正模型的方法。由于EG-ADF检验法分两步进行，第一步估计误差会带到第二步，并非最有效率的方法（陈强，2013）。Johansen（1988）的最大似然估计法能够同时给出短期和长期参数，估计效率更高。

因而本书采用Johansen检验法判断制造业服务化与中国产业结构升级之间是否存在协整关系。两个同阶单整变量之间最多存在一个协整关系。由表6-2协整检验结果可知，在产业结构合理化指标（lnRIS）与制造业服务化水平（SERV）的协整检验中，原假设“最大协整秩为零个”（即“不存在协整关系”）的迹检验量大于5%显著性水平的临界值，拒绝无协整方程的原假设；原假设“至多存在一个协整方程”的迹检验量小于5%显著性水平的临界值，可以接受原假设，表明产业结构合理化与制造业服务化之间至多存在一个协整方程。产业结构高级化（OIS）与制造业服务化水平（SERV）之间的协整关系结果同样表明产业结构高级化与制造业服务化水平之间存在一个协整方程。

表 6-2 Johansen 协整检验结果

lnRIS 与 SERV 的协整检验（Trend：constant）			
H0：最大协整秩的个数 h	特征值	迹统计量 λ_{trace}	5% 临界值
0	.	15.9648	15.41
1	0.6084	0.0273*	3.76
2	0.0016		
OIS 与 SERV 的协整检验（Trend：constant）			
H0：最大协整秩的个数 h	特征值	迹统计量 λ_{trace}	5% 临界值
0	.	17.5645	15.41
1	0.6260	0.8460*	3.76
2	0.0486		

注：* 表示在 5% 显著性水平下接受“最大协整秩为 h”的原假设。

接着，根据最小化信息准则确定各协整关系对应的 VAR 模型滞后阶数，综合 FPE、AIC、HQIC 与 SBIC 等信息准则选取最优滞后阶数。其中，lnRIS 和 SERV 协整系统对应的 VAR 模型最优滞后阶数为 1；OIS 和 SERV 协整系统对应的 VAR 模型最优滞后阶数为 4。在此基础上，使用 Johansen（1988）的最大似然估计法，估计以上协整系统的向量误差修正模型，同时得到协整方程。标准化后产业结构合理化与制造业服务化变量之间的协整方程为：

$$lnRIS_t = 0.7133 + 0.2428\ SERV_t \tag{6.1}$$

产业结构高级化与制造业服务化变量的协整方程为：

$$OIS_t = 0.0189 + 2.2140\ SERV_t \tag{6.2}$$

以上协整检验方程表明：①制造业服务化与中国整体层面产业结构合理化、高级化发展之间均为长期稳定的关系。②制造业服务化对中国产业结构合理化、高级化发展具有显著的正向影响；忽略其他因素影响下，制造业服务化水平提高 1%，中国整体层面产业结构合理化指标（lnRIS）上升 0.002%，产业结构高级化指标（OIS）提升 2.214%。

第二节　基于省、自治区、直辖市面板数据的经验分析

以上基于中国整体层面的时间序列数据协整分析在一定程度上证实：制造业服务化发展水平与中国产业结构升级之间具有长期协整关系。但是，在协整分析中未控制其他影响因素，且无法发现中国不同省、自治区、直辖市之间的差异。而面板数据分析可以设定个体固定效应，区分不同地区的个体差异，得到更具现实意义的分析结果。因此，接下来利用中国省、自治区、直辖市层面面板数据，进一步考察制造业服务化对中国产业结构升级的影响。

由于中国国家统计局每 5 年编制一次投入产出表，且 2002 年才开始编制地区投入产出表。2019 年 11 月，只有 2002 年、2007 年和 2012 年、2017 年四个年度的地区投入产出表，其中 2002 年和 2007 年《中国地区投入产出表》包括 30 个省、自治区、直辖市，2012 年新添了西藏地区的投入产出数据。计算各省、自治区、直辖市制造业服务化水平需要利用投入产出表获得直接消耗系数矩阵 A，受数据可得性限制无法直接计算其他年份的完全消耗系数。为了得到连续数据，典型的处理方式是参照北京大学中国经济研究中心课题组（2006）的研究，利用相近年份投入产出数据替代。陈启斐和刘志彪（2014）等也采取了这种处理方法。因此，本书以 2002 年投入产出表代替 2003—2006 年的数据；以 2007 年投入产出表代替 2008—2011 年的数据；以 2012 年投入产出表代替 2013—2016 年的数据，进而获得 2002—2016 年中国 30 个省、自治区、直辖市连续的制造业服务化水平[①]。

① 2002 年和 2007 年《中国地区投入产出表》按照《国民经济行业分类（GB/T4754—2002）》标准划分行业，2012 年《中国地区投入产出表》按照《国民经济行业分类（GB/T4754—2011）》标准划分行业。由于 2002 年和 2011 年国民经济行业分类的差异较小，且本书主要核算地区层面的服务化水平，因此忽略行业划分上的细微差异。

一、计量模型设定

制造业服务化表现为制造业行业中服务要素投入比重不断增大，产业结构升级代表了一个国家（地区）产业之间的结构布局情况。本节通过将制造业服务化变量引入产业结构升级分析框架内，利用中国省、自治区、直辖市面板数据进一步考察服务化生产模式对中国地区产业结构升级的影响方向、作用强度和微观渠道。在计量模型设定上，遵循产业结构升级研究的基本理论，纳入对产业结构升级有重要影响的多个控制变量，构建如下计量分析模型：

$$IS_{it} = \alpha_0 + \alpha_1 SERV_{it} + \alpha_2 lnKL_{it} + \alpha_3 TOPEN_{it} + \alpha_4 FDI_{it} + \alpha_5 GOVC_{it} + \alpha_6 URBAN_{it} + \alpha_7 lnINFRA_{it} + \alpha_8 lnPGDP_{it} + \lambda_i + \gamma_t + \varepsilon_{it} \quad (6.3)$$

其中：IS_{it}表示中国省、自治区、直辖市层面产业结构升级变量，利用地区产业结构合理化、地区产业结构高级化指标衡量；$SERV_{it}$表示省、自治区、直辖市层面制造业服务化水平；$lnKL_{it}$是物质资本密集度；$TOPEN_{it}$表示贸易开放度；FDI_{it}是外商直接投资强度；$GOVC_{it}$表示政府财政支出强度；$URBAN_{it}$是地区城镇化程度；$lnINFRA_{it}$表示基础设施水平；$lnPGDP_{it}$是地区经济发展水平；λ_i为省、自治区、直辖市固定效应；γ_t为时间固定效应；ε_{it}为随机扰动项。

二、变量说明

（一）被解释变量——产业结构升级

本节利用中国省、自治区、直辖市层面面板数据考察制造业服务化对地区产业结构升级的影响。尽管在全球价值链分工体系下，增加值核算指标相较产值核算指标能更准确地反映国家（地区）既定时期内生产活动的成果，但考虑到《中国统计年鉴》等均未提供省、自治区、直辖市层面三次产业和各细分行业连续的增加值数据，因此无法利用增加值构建产业结构升级指标。此处，本书遵循徐敏和姜勇（2015）、干春晖等（2011）的研究，利用产值数据构建产业结构合理化、产业结构高级化度量指标。具体计算公式和数据来源如下：

（1）产业结构合理化。以“三次产业产值占国民生产总值的加权份额”衡量产业结构合理化，即：

$$RIS = \sum_{i=1}^{3} (Y_i/Y) * i \tag{6.4}$$

（2）产业结构高级化。以“第三产业产值与第二产业产值之比”衡量产业结构高级化，即：

$$OIS = Y_3/Y_2 \tag{6.5}$$

其中，分地区三次产业产值 Y_i、分地区总产值 Y 来自历年《中国统计年鉴》，RIS 数值范围为 [1，3]，取对数后进入回归方程。

（二）关键解释变量

与前文一致，本节依旧从投入服务化角度，利用 2002 年、2007 年和 2012 年《中国地区投入产出表》测算 14 个制造业部门对服务部门的加权完全消耗系数，用于衡量地区层面的制造业服务化水平（$SERV_{it}$）。为了得到地区层面连续的制造业服务化数据，用已有投入产出表替代相近年份的投入产出数据，得到 2002—2016 年中国 30 个省、自治区、直辖市的制造业服务化水平。

（三）控制变量

为了尽量减少变量缺失导致的估计偏误，获得更准确的估计结果，本书参考相关研究引入以下对中国产业结构升级具有重要影响的控制变量。

（1）资本密集度（lnKL）。资本要素通过投资流向具有比较优势的产业，同时带动其他要素实现合理配置，对产业结构升级产生影响。本书利用各省、自治区、直辖市固定资本存量与省、自治区、直辖市劳动力人口之比衡量资本密集度。其中，《中国统计年鉴》提供了各省份劳动力人口数据，但《中国统计年鉴》与《中国城市统计年鉴》均没有提供固定资本存量数据。各省、自治区、直辖市固定资本存量需要通过估算得到，常用估算方法是永续盘存法。利用永续盘存法估算各省、自治区、直辖市固定资本存量的思路如下。

首先，计算各省、自治区、直辖市固定资本投资年均增长率和固定资本年折旧率。对于固定资本投资年均增长率的测算，一些研究利用各省、自治区、直辖市初始年份GDP增长率代替固定资本投资增长率（叶明确和方莹，2012）。实际上，更准确的测算方法是，根据《中国统计年鉴》提供的各省、自治区、直辖市历年固定资产形成数据（当年价格，需先调整为不变价固定资产形成额），结合固定资产形成规律：$I(t) = I(0)e^{t\lambda}$，利用回归分析估计出固定资产投资年均增长率 λ。本书采取第二种方法。

对于固定资产折旧率的测算，大多数相关研究文献参考张军等（2004）的测算结果，将中国固定资产年均折旧率 δ 设定为9.6%，本书对中国各省、自治区、直辖市固定资本年均折旧率的设定沿用这一做法。

其次，估算省、自治区、直辖市初始年份固定资本存量。在相关研究中，对初始年份固定资本存量的估算通常有两种：其一，令初始年份固定资本存量：$K(1) = I(0)/(\lambda + \delta)$。其二，令初始年份固定资本存量为：$K(1) = I(0)e^{\lambda}/[1 - (1 - \delta)e^{\lambda}]$；$\lambda$ 和 δ 分别为固定资产投资年均增长率、固定资产年均折旧率。

最后，利用永续盘存法计算历年不变价固定资本存量。由于t年末的固定资本存量等于t－1期固定资本存量减去t期资本折旧，再加上t期固定资产投资量；通常假设t期资本折旧等于t－1期固定资本的既定份额。因此，永续盘存法的基本计算公式可以表示为：

$$K(t) = K(t-1) * (1 - \delta) + I(t) \quad (6.6)$$

其中：$K(t)$ 为t年末各省、自治区、直辖市实际固定资本存量；$K(t-1)$ 为t－1年末各省、自治区、直辖市实际固定资本存量；$(1-\delta)$ 为固定资产净值率；I(t) 为 t 年末各省、自治区、直辖市实际固定资本投资额，本书利用《中国统计年鉴》提供的各省、自治区、直辖市固定资本投资额（当年价格）除以 GDP 平减指数得到。根据公式（6.6）先算得 1996 年固定资本存量，再依次计算各省、自治区、直辖市后续年份的固定资本存量。

按照上述方法计算各期固定资产存量后，除以地区人口数，得到物质资本密集度，取对数进入回归方程。

（2）贸易开放度（TOPEN）。贸易开放带来的规模经济效应是一种重要的比较优势来源。首先，加入 WTO 后扩大开放为中国带来了更多的出口机会，促使企业能将更多贸易利润用于产业升级。其次，贸易开放带来的竞争效应有助于资源由低效率企业转移至高效率企业，加快企业优胜劣汰，促进资源优化配置；且通过示范效应推动产业高端化发展。此外，贸易开放还能够加快产业国际转移，对区域经济结构调整优化有重要引导作用。2001 年加入 WTO 是中国扩大开放的里程碑式事件，此后中国商品贸易占 GDP 的比重快速上升，2006 年高至 63.97%。受 2008 年国际金融危机影响，世界贸易持续呈现疲软之态，但中国商品贸易占 GDP 的比重始终超过 30%。因此，在国内相关研究文献中，常将扩大开放作为中国产业结构升级的重要影响因素纳入分析。不少经验研究证实，贸易开放的确对中国产业结构升级产生了显著的正面影响，且对东、中、西部地区的影响程度具有差异性。本书中利用“各地区货物进出口额与地区生产总值的比重”衡量地区贸易开放度。

（3）外商直接投资强度（FDI）。改革开放以来，外商投资对中国经济发展产生了至关重要的影响，尤其在东部地区实现工业化和产业升级过程中功不可没。近年受人口红利消失、需求疲软及 2008 年国际金融危机等冲击，中国经济增长势头下降。地方政府相继出台引资优惠政策，预期外商投资规模将进一步扩大。外商投资不仅可以缓解资金约束，促进生产要素转移和资源配置效率提升，而且能够通过国外先进技术、管理经验等外溢效应推动产业创新，促进新兴产业、高技术产业成长，对中国各省、自治区、直辖市产业结构升级起到推动作用。不少针对中国的经验分析发现，外商直接投资有效地促进了中国产业结构升级。外商直接投资强度利用各省、自治区、直辖市“实际利用外资额与各省、自治区、直辖市实际 GDP 的比重”衡量，由于中国各省份统计年鉴提供的省、自治区、直辖市实际利用外资额以美元为单位，因而利用当年实际汇率将各省、自治区、直辖市实际利用外资额（万美元）转换为人民币。

（4）地方财政支出强度（GOVC）。中国政府在历次产业结构优化调整中都发挥了重要作用，而财政政策是中国政府产业扶持最直接的方式，因此本节将地方政府财政支出引入模型。国外研究认为财政政策存在非对称的产业效应。针对中国的经验分析也发现，财政政策对新兴产业的影响更为显著。通过高新技术产业的倾向性财政支持，以及财政政策的示范、辐射与带动作用，财政政策在中国产业结构优化调整中起到了重要作用。另有一些研究对财政政策与中国产业结构升级的关系持相反观点，认为财政政策不完善性可能造成产业结构失衡，或认为财政政策对产业结构的影响是不确定的。由于不同省、自治区、直辖市政府财政支出额差异巨大，因此利用财政支出强度而非绝对值衡量政府在产业结构升级优化中的作用。利用各地区“财政支出与地区生产总值之比”作为度量指标。

（5）城镇化程度（URBAN）。城镇化不仅促使农村劳动力大范围向城市流动，更引起生产方式与产业结构的巨大转变，依托现代城市建设与发展要求可以促进以服务业为主的产业结构转变。对中国城镇化与产业结构升级的研究有两种观点：一种认为突破城乡二元结构，推进城镇化是促进中国各地区产业结构优化转型的重要力量；另一种认为发展中国家城镇化达到一定程度后，以粗放型经济增长方式推进工业化的发展模式、城镇化过程中创新能力偏低等原因会对产业结构升级造成负面影响。当前中国城镇化进入高速发展阶段，2016 年全国城镇率达到 57.36%，北京、天津、上海等发达地区城镇化率超过 80%。2014 年年底中国公布国家新型城镇化综合试点名单，这意味着中国城镇化发展进入新阶段。以集约化、创新化、智能化、低碳化为特征的新型城镇化被认为有助于生产性服务业、高新技术产业、绿色产业成长；且促进工业向集约循环、创新驱动方向发展转变，从而推动产业结构升级。因此，在估计模型中引入地区城镇化变量。本节利用各地区“年末城镇人口比重”衡量各地区城镇化水平。

（6）基础设施水平（INFRA）。首先，新经济地理学认为基础设施具有空间溢出效应，有助于本地要素和生产集聚，但会阻碍其他地区的要素集聚；并且基础设施存量对当地制造业、服务业产出活动、区域产业分工有主要影响。其次，基础设施会通过蒂伯特效应，引导人口与要素在区域间流动，带动地方产业结构升级。此外，基础设施还存在资本溢出效应、经济增长效应、生产率效应，进而有助于产业结构优化升级。近年来，中国基础设施建设工作进行得如火如荼，大规模的基础设施建设加快了要素流转，对产业发展与空间格局产生了重要影响。尽管中国基础设施水平不断提高，但不同地区基础设施状况差异较大，东部沿海地区明显优于中西部地区。相关经验分析发现，基础设施对中国经济增长、生产率提升、产业结构优化具有促进作用。相关研究通常利用单位国土面积的铁路、公路、航运里程等衡量基础设施变量，本书利用各地区“每平方千米省份面积的铁路营业里程数（千米）”衡量地区基础设施水平，取对数进入回归方程。

（7）地区经济发展水平（lnPGDP）。经济发展水平对中国地区产业结构升级的作用已经得到大量经验研究的证实。利用各地区“不变价人均国民生产总值”衡量地区经济发展水平。由于《中国统计年鉴》未提供地区人均生产总值指标，本节先将各省、自治区、直辖市生产总值（当年价格）除以 GDP 平减指数得到各省、自治区、直辖市历年实际 GDP；再除以各省、自治区、直辖市年末人口数得到不变价人均 GDP；取对数进入回归方程。预期地区经济发展水平的估计系数为正。

三、数据来源和描述性统计

本章实证数据来源主要有两个：一是中国国家统计局国民经济核算司的《中国地区投入产出表》，其提供了 2002 年、2007 年和 2012 年中国 31 个省、自治区、直辖市的投入产出表，是测算制造业服务化水平的数据来源。由于西藏自治区在 2012 年才编制第一张地区投入产出表，因而在实证分析中剔除了西藏自治区样本，利用剩下的 30 省、自治区、直辖市投入产出表核算各制造业行业对服务部门的完全消耗系数，再以各行业产出占地区总产出之比为权重，加权平均得到省、自治区、直辖市层面的制造业服务化数据。二是《中国统计年鉴》、中国各省份统计年鉴、《中经网产业数据库》。其中，《中国统计年鉴》涵盖了各省、自治区、直辖市的三次产业产出水平、人口数量、生产总值、固定资本投资额、固定资产形成额、货物进出口额、财政支出、年末城镇人口比重、外商投资等指标，是计算产业结构升级和控制变量的主要数据来源；中国各省份统计年鉴提供了各省、自治区、直辖市实际利用外资额等指标；《中经网产业数据库》报告了 GDP 平减指数等指标。个别缺失数据利用移动平均插值法补全。

表 6-3 是变量描述性统计结果。制造业服务化的样本均值为 0.438，最大值为 0.738（天津市在 2007 年达到的服务化水平），最小值为 0.134（吉林省 2007 年的服务化水平）；最大值是最小值的 5 倍有余，反映出中国不同省、自治区、直辖市之间制造业服务化发展程度存在巨大差异。另外，按照三大经济带划分方法将以上 30 个省、自治区、直辖市划分为东部地区与中西部地区[①]，从描述性统计可以发现，东部地区制造

① 东部地区包括北京市、天津市、河北省、山东省、辽宁省、江苏省、上海市、浙江省、福建省、广东省、广西壮族自治区、海南省 12 个省、自治区、直辖市；中西部地区包括山西省、湖北省、湖南省、河南省、江西省、安徽省、内蒙古自治区、黑龙江省、吉林省、陕西省、甘肃省、宁夏回族自治区、新疆维吾尔自治区、四川省、重庆市、云南省、贵州省、青海省 18 个省、自治区、直辖市。

业服务化均值为 0.478，中西部地区为 0.411，说明经济发达的东部地区制造业服务化发展程度明显高于经济相对落后的中西部地区。产业结构升级变量的样本数据也具有较大的变动范围。本书构建的产业结构合理化指标、产业结构高级化指标测算结果显示：东部地区在三次产业之间结构布局的合理性、产业形态的高级化发展方面明显优于中西部地区。另外，描述性统计还发现，东部地区资本密集度、贸易开放度、外商投资强度、城镇化水平、基础设施建设水平、经济发展程度皆明显强于中西部地区，但中西部地区的政府财政支出比重明显高于东部地区。

表 6-3　变量描述性统计结果

变量名称	符号	总样本 均值（标准差）	东部地区 均值（标准差）	中西部地区 均值（标准差）
产业结构合理化	lnRIS	0.827(0.053)	0.854(0.067)	0.809(0.029)
产业结构高级化	OIS	0.942(0.483)	1.122(0.688)	0.822(0.193)
制造业服务化	SERV	0.438(0.134)	0.478(0.146)	0.411(0.119)
地区资本密集度	lnKL	10.845(1.010)	11.119(0.906)	10.662(1.036)
地区贸易开放度	TOPEN	0.329(0.414)	0.656(0.495)	0.111(0.055)
地区外商投资强度	FDI	0.028(0.023)	0.043(0.027)	0.019(0.013)
地方政府支出比重	GOVC	0.204(0.091)	0.155(0.055)	0.237(0.096)
地区城镇化水平	URBAN	0.506(0.147)	0.607(0.161)	0.439(0.088)
地区基础设施水平	INFRA	0.021(0.017)	0.031(0.021)	0.014(0.008)
地区经济发展程度	lnPDGP	10.057(0.765)	10.437(0.696)	9.803(0.702)

注：以 GDP 平减指数剔除价格影响。

同样，本书综合利用 LLC 检验、Breitung 检验、IPS 检验、Fisher-ADF 检验等面板单位根检验方法，考察省、自治区、直辖市面板数据的平稳性。表 6-4 为面板单位根检验结果。综合来看，主要实证变量均为平稳序列。

表 6-4 面板单位根检验结果

变量	LLC	Breitung	IPS	Fisher-ADF	检验形式	结论
lnRIS	−3.7121* （0.0001）	−1.6892* （0.0456）	−1.4332* （0.0759）	84.6553* （0.0197）	趋势项 + 常数项	平稳
OIS	−1.3778* （0.0841）	−1.9879* （0.0234）	0.6036 （0.7269）	93.2140* （0.0039）	趋势项 + 常数项	平稳
SERV	−3.5927* （0.0002）	−2.8477 * （0.0022）	−1.3211* （0.0932）	15. 5359 （1.0000）	趋势项 + 常数项	平稳
lnKL	−1.1e+02* （0.0000）	−2.8698* （0.0021）	−1.8600* （0.0314）	116.7722* （0.0000）	趋势项 + 常数项	平稳
TOPEN	−52.1792* （0.0000）	−2.0710* （0.0192）	−4.6102* （0.0000）	147.8491 * （0.0000）	趋势项 + 常数项	平稳
FDI	−4.1287* （0.0000）	0.3050 （0.6198）	−3.0941* （0.0010）	294.0795 * （0.0000）	趋势项 + 常数项	平稳
GOVC	−2.4595* （0.0070）	−0.5410 （0.2943）	−1.4238* （0.0773）	75.7227* （0.0829）	趋势项 + 常数项	平稳
URBAN	−5.6924* （0.0000）	−1.0502 （0.1468）	−1.4841* （0.0689）	79.2163 * （0.0490）	趋势项 + 常数项	平稳
INFRA	−4.6661* （0.0000）	−1.1868 （0.1177）	−3.2661* （0.0005）	128.8002* （0.0000）	趋势项 + 常数项	平稳
lnPDGP	−4.2914* （0.0000）	−1.2519 （0.1053）	−4.3611* （0.0000）	196.7520 * （0.0000）	趋势项 + 常数项	平稳

注：①括号内为 P 值。② * 表示变量检验结论为平稳过程。③上述 Fisher-ADF 检验报告逆卡方变换的统计量与 P 值。

四、实证结果与分析

（一）基准检验与内生性检验

利用回归方程（6.3）考察制造业服务化对中国地区层面产业结构升级的影响。为比较估计结果的合理性，表 6-5 同时给出固定效应（FE）与随机效应（RE）估计结果，对比发现固定效应模型与随机效应模型的估计系数相差不大。Hausman 检验的伴随概率小于 0.1，固定效应估计结果优于随机效应，因此不考虑内生性情况下以固定效应估计结果进行分析。制造业服务化对产业结构合理化的估计系数为 0.031，对产业结构高级化的估计系数为 0.568，均通过 1% 显著性水平检验，表明制造业服务化生产模式对中国省、自治区、直辖市层面产业结构合理化、高级化发展有正向推动作用。控制变量中，贸易开放和外商直接投资并未对中国地区产业结构升级产生积极影响，相反其作用效果为负。政府财政支出、基础设施水平和经济发展水平的影响为正，与预期相符合。资本密集度促进了地区产业结构合理化发展，但对产业结构高级化的影响并不显著。城镇化未对中国地区产业结构升级产生显著影响。

为了解决解释变量与扰动项可能相关进而引发的内生性问题，模型 5 和模型 6 将解释变量和所有控制变量滞后一期重新进行估计。为了解决制造业服务化与产业结构升级之间双向因果关系导致的内生性问题，模型 7 和模型 8 以制造业服务化的一阶滞后项为工具变量进行两阶段最小二乘估计。可见，排除内生性可能导致的偏误后，制造业服务化的系数依旧为正值，并且显著性未发生改变。另外，对比基准估计、滞后一期估计和两阶段最小二乘估计发现，考虑模型内生性后制造业服务化的估计系数反而略有提升，证明制造业服务化的确有助于中国各省、自治区、直辖市实现产业结构优化升级。

表 6-5　制造业服务化的地区产业结构升级效应检验结果

变量	FE	RE	FE	RE	滞后一期		2SLS	
	lnRIS	lnRIS	OIS	OIS	lnRIS	OIS	lnRIS	OIS
	模型 1	模型 2	模型 3	模型 4	模型 5	模型 6	模型 7	模型 8
SERV	0.0314*** (4.12)	0.0332*** (4.26)	0.568*** (5.55)	0.593*** (5.71)	0.0403*** (5.36)	0.609*** (5.83)	0.0530*** (5.11)	0.714*** (6.25)
lnKL	0.0099** (2.02)	0.0012 (0.29)	−0.0605 (−0.91)	−0.175*** (−2.99)	0.0109** (2.10)	−0.104 (−1.44)	−0.0049 (−0.86)	−0.430*** (−6.83)
TOPEN	−0.0161** (−2.45)	−0.0028 (−0.47)	−0.618*** (−7.00)	−0.461*** (−5.65)	0.0001 (0.01)	−0.275*** (−2.88)	0.0036 (0.52)	−0.216*** (−2.82)

续表

变量	FE	RE	FE	RE	滞后一期		2SLS	
	lnRIS	lnRIS	OIS	OIS	lnRIS	OIS	lnRIS	OIS
	模型 1	模型 2	模型 3	模型 4	模型 5	模型 6	模型 7	模型 8
FDI	−0.122** (−2.19)	−0.144*** (−2.60)	−0.597 (−0.80)	−0.550 (−0.74)	−0.210*** (−3.70)	−1.568** (−1.99)	−0.0858 (−1.38)	0.763 (1.11)
GOVC	0.0244 (1.05)	0.0373* (1.75)	0.614** (1.97)	0.747** (2.53)	−0.0002 (−0.01)	0.282 (0.88)	−0.0311 (−1.33)	−0.497* (−1.94)
URBAN	0.0367 (0.86)	0.121*** (3.70)	−0.866 (−1.52)	0.228 (0.49)	0.0211 (0.48)	−1.413** (−2.30)	0.0243 (0.57)	−0.935** (−2.01)
INFRA	1.272*** (5.71)	1.363*** (7.55)	12.97*** (4.34)	15.96*** (6.20)	1.318*** (5.71)	17.63*** (5.51)	0.380 (1.57)	−8.339*** (−3.14)
lnPDGP	0.0054 (0.80)	0.0110* (1.66)	0.194** (2.13)	0.262*** (2.94)	0.0094 (1.28)	0.348*** (3.40)	−0.0097 (−1.38)	−0.254*** (−3.30)
CONS	0.610*** (21.75)	0.597*** (21.83)	−0.338 (−0.90)	−0.482 (−1.29)	0.568*** (19.79)	−1.254*** (−3.15)	1.022*** (15.90)	10.58*** (14.96)
时间效应	NO	NO	NO	NO	NO	NO	YES	YES
个体效应	NO	NO	NO	NO	NO	NO	YES	YES
豪斯曼检验	[0.0000]		[0.0000]		[0.0016]	[0.0205]		
R^2	0.6885	0.6809	0.3787	0.3655	0.7023	0.3762	0.9468	0.9260
样本量	450	450	450	450	420	420	420	420

注：小括号内为 t 值，中括号内为相应检验的 P 值；***、** 和 * 分别表示通过 1%、5% 和 10% 显著性水平检验。

（二）影响机制检验

为了检验制造业服务化影响中国省、自治区、直辖市层面产业结构升级的微观路径，此处使用引入变量交互项的方法，进一步构建如下计量分析模型。

$$IS_{it} = \alpha_0 + \alpha_1 SERV_{it} + \alpha_2 lnEDU_{it} + \alpha_3 SERV_{it} * lnEDU_{it} + \delta X_{ct} + \lambda_i + \gamma_t + \varepsilon_{it} \quad (6.7)$$

$$IS_{it} = \alpha_0 + \alpha_1 SERV_{it} + \alpha_2 lnINNO_{it} + \alpha_3 SERV_{it} * lnINNO_{it} + \delta X_{ct} + \lambda_i + \gamma_t + \varepsilon_{it} \quad (6.8)$$

$$IS_{it} = \alpha_0 + \alpha_1 SERV_{it} + \alpha_2 SCOMP_{it} + \alpha_3 SERV_{it} * SCOMP_{it} + \delta X_{ct} + \lambda_i + \gamma_t + \varepsilon_{it} \quad (6.9)$$

其中，$lnEDU_{it}$ 表示人力资本水平，$SERV_{it} * lnEDU_{it}$ 是制造业服务化与人力资本变量的交互项；$lnINNO_{it}$ 表示技术创新水平；$SERV_{it} * lnINNO_{it}$ 是制造业服务化与技术创新变量的交互项；$SCOMP_{it}$ 表示服务消费需求，$SERV_{it} * SCOMP_{it}$ 是制造业服务化与服务消费需求的交互项。其他变量含义与方程（6.3）的定义一致，此处不再赘述。若制造业服务化对中国地区层面产业结构升级的影响中存在以上作用渠道，则预期交叉项的系数 α_3 显著。

对于人力资本，本书利用 6 岁以上居民平均受教育年限度量中国地区层面人力资本水平。《中国统计年鉴》提供了各地区按受教育程度分的人口数与总人口，本书假设小学、初中、高中、大专及以上教育的年限分别为 6 年、9 年、12 年和 16 年，则"6 岁以上人口平均受教育年限 = 小学人口比重 ×6 + 中学人口比重 ×9 + 高中人口比重 ×12 + 大专和以上人口比重 ×16"。居民平均受教育年限的数据单位为年，取对数后作为人力资本衡量指标进入回归方程。

对于技术创新，本书从创新投入角度，利用各省、自治区、直辖市"研究与开发内部经费支出与 GDP 之比"衡量。各地区研究与开发内部经费支出、地区 GDP 数据来自《中国统计年鉴》。

对于服务消费需求，利用分地区城镇居民对"交通通信""居住""教育文化娱乐""医疗保健"四类服务的人均消费支出衡量，数据来自《中国统计年鉴》。需指出的是，2012 年及之前年份《中国统计年鉴》还提供了分地区城镇居民对"食品加工服务""衣着加工服务""家务服务"和"其他服务"的人均消费支出数据，但统计口径的变化使得无法获取 2012 年以后居民对这些服务的人均消费支出数据。为了保证统计口径一致性，剔除以上服务，利用城镇居民对"交通通信""居住""教育文化娱乐""医疗保健"的人均消费支出之和近似衡量服务消费需求，取对数进入回归方程。

同样，为降低引入变量交互项导致的多重共线性问题，对交互项去中心化处理后再进行回归分析。表 6-6 制造业服务化对中国地区产业结构升级的影响路径检验结果显示，制造业服务化生产模式对地区产业结构合理化、高级化的直接效应均显著为正。模型 9 和模型 10 中制造业服务化与人力资本变量交互项“ SERV * lnEDU”的估计系数显著，说明制造业服务化对地区产业结构升级的作用还受到人力资本水平的影响，但估计系数为负值，说明服务化影响产业结构升级的边际效果随着平均受教育年限的增加反而降低了。模型 11 和模型 12 中服务化与技术创新变量的交互项“ SERV * lnINNO”估计系数显著为负，这意味着制造业服务化对中国地区产业结构升级的作用还受到研发投入强度的影响。服务化生产模式对产业结构升级的边际作用随着研发投入强度的增加而降低。本书预期技术创新能强化服务化生产模式对产业结构升级的推动作用，然而本书实证分析发现研发活动经费投入不但没有推动地区产业结构升级，反而对其造成了负面影响。可能的原因是，在引进技术的过程中可能存在忽略自身资源要素基础和消耗吸收能力的情况，盲目引进不适宜自身发展需要的技术，进而造成资源浪费和经济效率降低，难以有效驱动产业结构升级。模型 13 和模型 14 中制造业服务化、服务消费需求变量皆对地区产业结构升级产生了积极影响。制造业服务化与服务消费需求的交互项“ SERV * SCOMP”对产业结构合理化的估计系数不显著，但对产业结构高级化的估计系数显著为正，说明服务化生产模式除了对产业结构高级化有直接影响，还通过服务消费需求效应对中国地区产业结构升级产生间接推动作用，比较符合前文的预期。原因是服务化生产模式下产品性能与差异化程度提高，能更大程度地满足消费者需求，导致需求规模与结构向着服务商品转变，推动第三产业发展和产业结构升级。

表 6-6　制造业服务化对中国地区产业结构升级的影响路径检验结果

变量	lnRIS	OIS	lnRIS	OIS	lnRIS	OIS
	模型 9	模型 10	模型 11	模型 12	模型 13	模型 14
SERV	0.0313*** (4.15)	0.563*** (5.51)	0.0299*** (3.87)	0.451*** (4.56)	0.0151** (2.00)	0.326*** (3.61)
lnEDU	0.0246*** (2.76)	0.172 (1.42)				
SERV * lnEDU	−0.0993** (−2.13)	−1.072* (−1.70)				
lnINNO			−0.0043 (−0.09)	−3.893*** (−5.99)		
SERV * lnINNO			−0.250* (−1.84)	−4.427** (−2.54)		
SCOMP					0.0400*** (7.49)	0.805*** (12.59)
SERV * SCOMP					−0.0115 (−0.91)	0.615*** (4.07)
lnKL	0.0116** (2.35)	−0.0416 (−0.62)	0.0098** (1.99)	−0.0555 (−0.88)	−0.0106** (−1.98)	−0.443*** (−6.88)
TOPEN	−0.0154** (−2.37)	−0.616*** (−6.97)	−0.0138** (−2.05)	−0.513*** (−5.95)	−0.0008 (−0.12)	−0.301*** (−3.86)
FDI	−0.123** (−2.20)	−0.546 (−0.72)	−0.109* (−1.85)	−1.718** (−2.27)	−0.0569 (−1.07)	0.455 (0.72)
GOVC	0.0210 (0.91)	0.601* (1.93)	0.0298 (1.25)	0.364 (1.19)	−0.0028 (−0.13)	−0.0073 (−0.03)
URBAN	0.0220 (0.52)	−0.969* (−1.69)	0.0272 (0.62)	−0.413 (−0.74)	0.0189 (0.45)	−0.330 (−0.65)
INFRA	1.274*** (5.79)	13.04*** (4.37)	1.232*** (5.37)	15.92*** (5.42)	0.749*** (3.39)	2.072 (0.78)
lnPDGP	0.0058 (0.83)	0.184* (1.93)	0.0067 (0.97)	0.148* (1.68)	0.0105 (1.57)	0.168** (2.11)
CONS	0.543*** (13.34)	−0.754 (−1.37)	0.604*** (20.41)	0.198 (0.52)	0.468*** (14.20)	−2.699*** (−6.85)
豪斯曼检验	[0.0003]	[0.0009]	[0.0000]	[0.0000]	[0.0009]	[0.0270]
R^2	0.6977	0.3862	0.6911	0.4397	0.7264	0.5669
样本量	450	450	450	450	450	450

注：小括号内为 t 值，中括号内为相应检验的 P 值；***、** 和 * 分别表示通过 1%、5% 和 10% 显著性水平检验。

（三）稳健性检验

1. 以直接消耗系数衡量制造业服务化的检验

根据 2002 年、2007 年和 2012 年中国地区投入产出表，计算制造业行业对服务部门的加权直接消耗系数，利用直接消耗系数进行稳健性检验。相比完全消耗系数，直接消耗系数可以更直观地反映制造业对服务部门的依赖，估计结果汇报在表 6-7。可以看到，制造业服务化生产模式对中国地区产业结构合理化、高级化的影响系数符号、显著性皆未发生变化，且以直接消耗系数衡量省、自治区、直辖市制造业服务化水平时，服务化的系数大小明显大于完全消耗系数的情形。

2. 基于地区差异制造业服务化对产业结构升级的影响检验

以上检验结果证明，制造业服务化生产模式对中国省、自治区、直辖市层面产业结构合理化、高级化发展具有推动作用。同时，通过产业结构升级测算与分析发现，各省、自治区、直辖市制造业服务化水平、产业构成存在比较显著的差异。其中，北京、上海、天津等经济发达地区，制造业服务化水平远高于其他地区，相应的产业构成也更为合理。为了进一步考察制造业服务化对不同经济发展程度省、自治区、直辖市产业结构升级可能存在的差异化影响，此处按照三大经济带划分方法，将 30 个省、自治区、直辖市划分为东部地区与中西部地区，通过划分子样本估计，揭示经济发展程度差异对制造业服务化与产业结构升级关系的影响。表 6-7 中的模型 17 和模型 18 是东部地区估计结果，模型 19 和模型 20 是中西部地区估计结果。

东部地区估计结果显示，制造业服务化对产业结构合理化、高级化的影响系数均显著为正，表明中国东部地区制造业服务化发展有效促进了地区产业结构升级。同样，服务化生产模式对中西部地区产业结构合理化、高级化也产生了正向作用。另外，对比东部和中西部地区估计结果发现：以产业结构合理化为被解释变量时，中西部地区制造业服务化的估计系数大于东部地区；以产业结构高级化为被解释变量时，中西部地区制造业服务化的估计系数小于东部地区。即制造业服务化生产模式对较不发达的中西部地区产业整体布局合理化发展的作用效果比较明显，对主导产业由工业向服务业转变的产业结构高级化的作用强度相对有限。对于产业整体结构已经取得明显优化的东部地区，制造业服务化生产模式对产业结构高级化发展的作用强度更大。这一估计结果揭示了制造业服务化对产业结构合理化、高级化的影响强度受样本地区既有产业结构特征的影响。

表 6-7 替换指标检验和分样本检验结果

变量	直接消耗系数		东部地区		中西部地区	
	lnRIS	OIS	lnRIS	OIS	lnRIS	OIS
	模型 15	模型 16	模型 17	模型 18	模型 19	模型 20
SERV	0.135*** (5.45)	1.050*** (3.02)	0.0209** (2.33)	0.720*** (4.37)	0.0251** (2.38)	0.281*** (2.68)
lnKL	0.0063 (1.28)	−0.0923 (−1.35)	−0.0332*** (−5.03)	−0.780*** (−6.42)	0.0324*** (5.18)	0.445*** (6.77)
TOPEN	−0.0171*** (−2.63)	−0.620*** (−6.84)	−0.0084 (−1.54)	−0.399*** (−6.42)	−0.0471* (−1.93)	−0.624** (−2.48)
FDI	−0.112** (−2.04)	−0.441 (−0.57)	−0.181*** (−3.12)	1.340 (1.26)	0.0783 (0.62)	−1.140 (−0.89)
GOVC	0.0416* (1.83)	0.850*** (2.67)	0.300*** (6.43)	0.848 (0.99)	0.0049 (0.19)	0.681** (2.39)
URBAN	0.0646 (1.53)	−0.654 (−1.11)	0.193*** (3.42)	0.602 (0.58)	0.0832* (1.75)	0.142 (0.23)
INFRA	1.347*** (6.22)	15.26*** (5.05)	1.111*** (4.72)	10.84** (2.50)	0.514 (1.36)	5.476 (1.10)
lnPDGP	0.0067 (0.99)	0.159* (1.70)	0.0418*** (5.11)	1.235*** (8.20)	−0.0290*** (−3.02)	−0.668*** (−6.86)
CONS	0.617*** (23.81)	0.279 (0.77)	0.592*** (14.61)	−4.067*** (−5.45)	0.696*** (18.67)	2.300*** (6.08)
R^2	0.6975	0.3468	0.8370	0.6219	0.6542	0.3236
豪斯曼检验	[0.0000]	[0.0016]	[0.0002]	[0.0136]	[0.2345]	[0.0034]
样本量	450	450	180	180	270	270

注：小括号内为 t 值，中括号内为相应检验的 P 值；***、** 和 * 分别表示通过 1%、5% 和 10% 显著性水平检验。

3. 基于动态面板回归模型的再检验

中国地区层面产业结构升级也很可能具有“前期滞后性和作用效应延续性”。为了考察这种特征，将地区产业结构升级滞后项作为解释变量引入模型。同时，为了解决模型中引入被解释变量滞后项导致的内生性问题，利用差分 GMM 和系统 GMM 对动态模型进行回归分析。

表 6-8 是以地区产业结构合理化为被解释变量的动态面板回归模型检验结果，模型 21 和模型 23 只引入了产业结构合理化的一阶滞后项，模型 22 和模型 24 同时引入了一阶滞后项和二阶滞后项。Hansen J 检验的伴随概率大于 0.1，说明工具变量不存在过度识别问题。AR（1）检验的伴随概率小于 0.1，AR（2）检验的伴随概率大于 0.1，说明扰动项二阶差分后无自相关，证明 GMM 估计结果有效。前一期产业结构合理化（L.lnRIS）的系数显著为正，即前期产业布局的合理化程度对本期产业结构合理化发展具有积极影响。模型 21 ～模型 24 制造业服务化估计系数皆显著为正值，说明考虑产业结构升级的前期滞后性且利用动态面板回归模型 GMM 进行估计的结果，仍支持前文的核心结论，制造业服务化生产模式促进了中国地区层面产业结构合理化发展。其他控制变量估计结果也基本稳健。另外，表 6-9 以地区产业结构高级化为被解释变量的动态面板回归模型检验结果能够得出类似的结论，此处不再赘述。

表 6-8 动态面板回归模型检验结果：以地区产业结构合理化为被解释变量

变量	差分 GMM（1）	差分 GMM（2）	系统 GMM（1）	系统 GMM（2）
	模型 21	模型 22	模型 23	模型 24
L.lnRIS	0.227^{***} （6.47）	0.200^{***} （5.87）	0.525^{***} （16.14）	0.562^{***} （15.01）
L2.lnRIS		0.102^{***} （4.04）		-0.111^{***} （−7.48）
SERV	0.0206^{***} （7.74）	0.0253^{***} （13.11）	0.0206^{***} （5.77）	0.0178^{***} （4.42）
控制变量	控制	控制	控制	控制

续表

变量	差分 GMM（1）	差分 GMM（2）	系统 GMM（1）	系统 GMM（2）
	模型 21	模型 22	模型 23	模型 24
CONS			0.262*** （9.36）	0.320*** （9.09）
AR（1）	−3.96 [0.000]	−3.53 [0.000]	−4.43 [0.000]	−4.25 [0.000]
AR（2）	0.87 [0.404]	0.66 [0.512]	1.24 [0.181]	1.29 [0.159]
Hansen J	28.23 [0.297]	28.85 [0.149]	28.61 [0.889]	28.33 [0.780]
样本量	390	360	420	390

注：小括号内为 t 值，中括号内为相应检验的 P 值；***、** 和 * 分别表示通过 1%、5% 和 10% 显著性水平检验。

表 6-9 动态面板回归模型检验结果：以地区产业结构高级化为被解释变量

变量	差分 GMM（1）	差分 GMM（2）	系统 GMM（1）	系统 GMM（2）
	模型 25	模型 26	模型 27	模型 28
L.OIS	0.506*** （37.94）	0.366*** （30.18）	1.041*** （107.78）	0.983*** （61.12）
L2.OIS		0.252*** （24.94）		0.0828*** （5.93）
SERV	0.252*** （19.86）	0.279*** （16.20）	0.160*** （8.87）	0.187*** （5.99）
控制变量	控制	控制	控制	控制
CONS			−0.646*** （−10.35）	−0.566*** （−6.08）
AR（1）	−3.66 [0.000]	−2.98 [0.003]	−3.55 [0.000]	−3.58 [0.000]
AR（2）	2.62 [0.009]	−0.87 [0.385]	1.29 [0.222]	1.02 [0.308]
Hansen J	28.57 [0.282]	29.12 [0.141]	26.08 [0.944]	26.39 [0.852]
样本量	390	360	420	390

注：小括号内为 t 值，中括号内为相应检验的 P 值；***、** 和 * 分别表示通过 1%、5% 和 10% 显著性水平检验。

(四)扩展性研究

1. 制造业服务化对中国产业结构升级的滞后效应分析

制造业服务化对中国各省、自治区、直辖市产业结构升级的影响也可能存在滞后效应。接下来，将中国省、自治区、直辖市层面制造业服务化水平滞后若干期，通过动态分析考察当期制造业服务化对未来产业结构升级的影响。表 6-10 总结了以地区产业结构合理化为被解释变量的滞后效应检验结果，表 6-11 则是以地区产业结构高级化为被解释变量的滞后效应检验结果。

可见，制造业服务化对当前产业结构合理化的估计系数显著为正；对第二期、第三期、第四期、第五期产业结构合理化的估计结果均通过了 1% 显著性水平检验，而且对第二期产业结构合理化的作用强度最大，之后随时间推移影响强度逐渐下降；制造业服务化对第六期产业结构合理化的影响系数为正，但不再显著。上述估计结果说明，制造业服务化对中国省、自治区、直辖市层面产业结构合理化发展的影响确实存在滞后效应，服务化对中国省、自治区、直辖市产业结构合理化的积极影响可以持续到第五期，即实施制造业服务化战略的当年及之后的四年。由表 6-11 的估计结果可知，制造业服务化对产业结构高级化的影响同样存在滞后效应。制造业服务化对当前产业结构高级化的估计系数为 0.568；对第二期产业结构高级化的估计系数最大，达到了 0.641；对第三期、第四期、第五期产业结构高级化的估计系数均显著为正，大小分别为 0.598、0.458 和 0.235，即在第二期之后影响强度随着时间推移而下降。制造业服务化对中国省、自治区、直辖市产业结构高级化的影响持续至第五期，第六期的估计系数不再显著，再次验证了制造业服务化对产业结构升级的影响具有持续性。

表 6-10　滞后效应检验结果：以地区产业结构合理化为被解释变量

变量	模型 29	模型 30	模型 31	模型 32	模型 33	模型 34
SERV	0.0314*** （4.12）					
L.SERV		0.0426*** （5.63）				
L.2SERV			0.0407*** （5.40）			
L.3SERV				0.0409*** （5.78）		
L.4SERV					0.0266*** （3.45）	
L.5SERV						0.0093 （1.11）
控制变量	控制	控制	控制	控制	控制	控制
CONS	0.610*** （21.75）	0.600*** （19.95）	0.625*** （18.78）	0.763*** （20.91）	0.803*** （19.05）	0.841*** （18.76）
R^2	0.6885	0.7074	0.7176	0.7365	0.7244	0.7207
豪斯曼检验	[0.0000]	[0.0001]	[0.0001]	[0.0000]	[0.0000]	[0.0000]
样本量	450	420	390	360	330	300

注：小括号内为 t 值，中括号内为相应检验的 P 值；***、** 和 * 分别表示通过 1%、5% 和 10% 显著性水平检验；控制变量同表 6-5。

表 6-11　滞后效应检验结果：以地区产业结构高级化为被解释变量

变量	模型 35	模型 36	模型 37	模型 38	模型 39	模型 40
SERV	0.568*** （5.55）					
L.SERV		0.641*** （6.40）				
L.2SERV			0.598*** （6.10）			
L.3SERV				0.458*** （4.82）		
L.4SERV					0.235** （2.39）	
L.5SERV						0.0111 （0.11）

续表

变量	模型 35	模型 36	模型 37	模型 38	模型 39	模型 40
控制变量	控制	控制	控制	控制	控制	控制
CONS	−0.338 （−0.90）	0.0106 （0.03）	0.589 （1.36）	1.974*** （4.03）	2.380*** （4.44）	2.815*** （5.16）
R^2	0.3787	0.4435	0.4859	0.5220	0.5512	0.5837
豪斯曼检验	[0.0010]	[0.0001]	[0.0000]	[0.0000]	[0.0000]	[0.0000]
样本量	450	420	390	360	330	300

注：小括号内为 t 值，中括号内为相应检验的 P 值；***、** 和 * 分别表示通过 1%、5% 和 10% 显著性水平检验；控制变量同表 6-5。

2. 基于服务业类型差异的分析

接下来，考察制造业投入生产性服务业和生活性服务业对中国地区产业结构升级的差异化影响。在第四章和第五章进行跨国面板数据分析时，采取普适性最强的联合国国际标准产业分类（ISIC Rev.4）界定了 7 类生产性服务业。此处，为了更贴近中国服务业发展特征，参考北京市统计局对生产服务业的界定，将“现代物流服务”“金融服务”“信息服务”和“商务服务”4 个服务大类视为生产性服务业，其他服务业视为生活性服务业。另外，《中国地区投入产出表》行业划分遵循国民经济行业分类标准（GB/T 4754），2002 年和 2007 年地区投入产出表包含 16 个服务部门[①]，2012 年包含 14 个服务部门[②]。本书综合两版地区投入产出表和“十二五”规划对生产性服务业的界定，最后将投入产出表中的“运输与仓储服务”“信息与通信服务”“金融服务”及“商务服务”四类服务业定

① 16 个服务部门分别为 27：交通运输及仓储业；28：邮政业；29：信息传输、计算机服务和软件业；30：批发和零售贸易业；31：住宿和餐饮业；32：金融保险业；33 房地产业；34：租赁和商务服务业；35：旅游业；36：科学研究事业；37：综合技术服务业；38：其他社会服务业；39：教育事业；40：卫生、社会保障和社会福利事业；41：文化、体育和娱乐业；42：公共管理和社会组织。

② 14 个服务部门分别为 29：批发和零售业；30：交通运输、仓储和邮政；31：住宿和餐饮业；32：信息传输、软件和信息技术服务；33：金融；34：房地产；35：租赁和商务服务业；36：科学研究和技术服务；37：水利、环境和公共设施管理；38：居民服务、修理和其他服务；39：教育；40：卫生和社会工作；41：文化、体育和娱乐业；42：公共管理、社会保障和社会组织。

义为生产性服务业，其他服务部门定义为生活性服务业。

利用制造业对生产性服务部门和生活性服务部门的加权完全消耗系数测算地区层面“制造业生产性服务化”和“制造业生活性服务化”水平。考察制造业生产性服务化和制造业生活性服务化对地区产业结构升级的差异化影响。可见，生产性服务化投入对地区产业结构合理化、高级化发展都存在显著的促进作用，生活性服务化对地区产业结构高级化有积极影响，但对地区产业结构合理化的影响并不显著，如表 6-12 所示。

表 6-12 基于服务业类型差异的检验结果

变量	生产性服务化		生活性服务化	
	lnRIS	OIS	lnRIS	OIS
	模型 41	模型 42	模型 43	模型 44
SERV	0.0556*** (4.58)	0.405** (2.40)	0.0120 (1.39)	0.507*** (4.40)
lnKL	0.0059 (1.18)	−0.0933 (−1.35)	0.0105** (2.09)	−0.0271 (−0.40)
TOPEN	−0.0191*** (−2.89)	−0.634*** (−6.93)	−0.0151** (−2.25)	−0.586*** (−6.54)
FDI	−0.101* (−1.81)	−0.357 (−0.46)	−0.120** (−2.11)	−0.704 (−0.93)
GOVC	0.0513** (2.21)	0.917*** (2.84)	0.0268 (2.84)	0.478 (1.49)
URBAN	0.0668 (1.56)	−0.651 (−1.09)	0.0300 (0.69)	−1.144* (−1.96)
INFRA	1.492*** (6.83)	16.36*** (5.39)	1.362*** (5.94)	12.79*** (4.17)
lnPDGP	0.0072 (1.05)	0.160* (1.69)	0.0014 (0.21)	0.131 (1.43)
CONS	0.614*** (22.81)	0.287 (0.77)	0.655*** (25.03)	0.227 (0.65)
R^2	0.6914	0.3415	0.6772	0.3623
豪斯曼检验	[0.0001]	[0.0016]	[0.0000]	[0.0000]
样本量	630	630	630	630

注：小括号内为 t 值，中括号内为相应检验的 P 值；***、** 和 * 分别表示通过 1%、5% 和 10% 显著性水平检验。

3. 基于生产性服务业种类差异的分析

利用制造业对“运输与仓储服务”“信息服务”“金融服务”和“商务服务”四个生产性服务部门的加权完全消耗系数测算地区层面“运输与仓储服务化（TS-S)”“信息服务化（IC-S)”“金融服务化（FI-S)”和“商务服务化（BUSI-S)”水平，考察制造业中不同生产性服务要素投入对地区产业结构升级可能存在的差异化影响。表 6-13 估计结果显示，运输与仓储服务、信息服务和金融服务投入对中国地区层面产业结构合理化有显著的正向影响。其中，金融服务化的影响强度最大，信息服务化次之，运输与仓储服务化最小，商务服务投入对产业结构合理化的影响不显著。表 6-14 估计结果表明，信息服务投入对地区产业结构高级化有显著的正向影响，运输与仓储、金融服务投入对地区产业结构高级化的影响不显著，商务服务化对地区产业结构高级化产生了负面作用。

表 6-13　不同生产性服务化检验结果：以地区产业结构合理化为被解释变量

变量	模型 45	模型 46	模型 47	模型 48
TS-S	0.0292* （1.67）			
IC-S		0.0597*** （3.17）		
FI-S			0.209*** （5.40）	
BUSI-S				−0.0724 （−1.52）
控制变量	控制	控制	控制	控制
CONS	0.653*** （25.09）	0.671*** （26.87）	0.578*** （19.82）	0.679*** （25.30）
R^2	0.6779	0.6834	0.6971	0.6775
豪斯曼检验	[0.0000]	[0.0000]	[0.0000]	[0.0000]
样本量	450	450	450	450

注：小括号内为 t 值，中括号内为相应检验的 P 值；***、** 和 * 分别表示通过 1%、5% 和 10% 显著性水平检验；控制变量同表 6-5。

表 6-14 不同生产性服务化检验结果：以地区产业结构高级化为被解释变量

变量	模型 49	模型 50	模型 51	模型 52
TS-S	−0.271 (−1.14)			
IC-S		1.471*** (5.89)		
FI-S			0.488 (0.89)	
BUSI-S				−1.987*** (−3.08)
控制变量	控制	控制	控制	控制
CONS	0.761** (2.14)	0.804** (2.43)	0.451 (1.10)	1.047*** (2.88)
R^2	0.3344	0.3842	0.3336	0.3473
豪斯曼检验	0.0001	0.0004	0.0005	0.0001
样本量	450	450	450	450

注：小括号内为 t 值，中括号内为相应检验的 P 值；***、** 和 * 分别表示通过 1%、5% 和 10% 显著性水平检验；控制变量同表 6-5。

第三节 本章小结

本章利用中国整体层面的时间序列数据及中国省、自治区、直辖市层面的面板数据实证考察了制造业服务化对中国产业结构升级的影响，得到的结论有：第一，1995—2014 年的时间序列数据协整分析结果证实，制造业服务化与中国整体层面产业结构合理化、高级化发展之间存在长期协整关系。在不考虑其他因素的条件下，制造业服务化对中国产业结构升级产生了正向影响。第二，基于 2002—2016 年中国 30 个省、自治区、直辖市面板数据的实证分析发现，制造业服务化对中国省、自治区、直辖市层面产业结构合理化、高级化产生了推动作用，重新核算制造业服务化指标、分样本估计、动态面板回归模型的估计结果稳健；制造业服务化通过人力资本、技术创新对地区层面产业结构升级有间接影响，但居民平均受教育年限衡量的人力资本水平及研发活动内部经费投入衡量的技术创新增加反而减弱了制造业服务化对中国地区层面产业结构的促进作用；制造业服务化还通过服务消费需求对产业结构升级有间接影响，且提高服务消费需求能增加制造业服务化对产业结构升级的作用效果。另外，制造业服务化对中西部地区产业结构合理化的影响强度更大，对东部地区产业结构高级化的作用强度更大；制造业服务化对中国省、自治区、直辖市产业结构升级的影响存在滞后效应，这种效应能够持续到实施服务化战略后的第四年；生产性服务化对地区产业结构合理化、高级化皆有促进作用，但生活性服务化对地区产业结构合理化的影响不显著；不同类型生产性服务业融入对地区产业结构升级的影响方向与作用强度各不相同。总的来看，信息服务投入对地区产业结构合理化、高级化皆存在较强的推动作用，运输与仓储服务、金融服务的投入有助于地区产业结构合理化发展，但对产业结构高级化影响不显著，商务服务投入不利于中国地区层面产业结构升级，应尽量降低制造业生产中对商务服务的依赖。

CHAPTER 7 第七章

研究结论、政策建议和对中国的启示

本章是研究结论、政策建议和对中国的启示。首先，对本书的研究进行总结和归纳。其次，在本书研究结论的基础上提出具有现实意义的政策建议，包括加快现代生产性服务业发展，强化高端人力资本积累，坚持自主创新与技术引进相结合，建立以市场需求为导向的产品供给机制等产业结构升级途径。最后，总结了本书研究对中国全面开展服务化转型、实现产业结构升级的启示。

第一节　研究结论

本书在分析制造业服务化本质的基础上，梳理了制造业服务化对产业结构升级的影响，设计产业结构升级识别方法；进一步利用 WIOD 数据库世界主要国家（地区）投入产出表对这些国家 2000—2014 年期间制造业服务化发展特征进行详细分析；基于分析结果，实证考察制造业服务化生产模式对产业结构升级的影响方向、程度与作用机制。接着，利用中国地区投入产出表，对中国 30 个省、自治区、直辖市制造业服务化发展概况进行了对比分析，考察制造业服务化与中国省、自治区、直辖市产业结构升级的关系。另外，借鉴各国制造业服务化发展的有益经验，总结对中国实施制造业服务化战略的启示，主要研究结论如下。

基于 42 个样本国家（地区）面板数据考察制造业服务化对产业结构升级的影响发现：首先，从影响方向来看，制造业服务化促进了产业结构合理化、高级化发展。其次，从影响机制来看，制造业服务化通过人力资本积累效应、技术创新效应、服务产品消费需求效应间接影响产业结构合理化、高级化发展。再次，通过对样本国家（地区）的分析发现，制造业服务化对发展中国家产业结构合理化的影响强度大于发达国家，但是对发展中国家产业结构高级化的作用强度远远小于发达国家。最后，从不同类型服务投入的影响来看，生活性服务业投入引起的制造业服务化对产业结构升级作用强度大于生产性服务投入，教育服务化、信息与通信服务化对产业结构升级影响强度较大，专业与科技服务化、运输与仓储服务化、金融服务化对产业结构升级影响强度较为有限，行政支助服务化不利于产业结构升级。

基于中国时间序列数据的经验分析发现，制造业服务化与中国整体层面产业结构合理化、高级化之间存在长期协整关系，在不考虑其他因素的条件下，服务化生产模式对中国整体产业结构升级具有正向影响。基于中国省、自治区、直辖市面板数据的经验分析发现：首先，从影响方向来看，制造业服务化对中国省、自治区、直辖市层面产业结构合理化、高级化具有推动作用。其次，从影响机制来看，制造业服务化通过人力资本积累、技术创新对地区层面产业结构升级有间接影响，但居民平均受教育年限衡量的人力资本、研发活动经费投入衡量的技术创新对中国地区产业结构升级造成了负面影响，制造业服务化还通过服务消费需求间接推动地区产业结构升级。再次，通过对东部地区和中西部地区的分样本估计发现，制造业服务化对中西部地区产业结构合理化的影响强度较大，对东部地区产业结构高级化的作用强度更大。最后，从不同类型服务投入的影响来看，生产性服务化对地区产业结构合理化、高级化皆有促进作用，但生活性服务化对地区产业结构合理化的影响并不显著，信息服务投入对中国地区产业结构合理化、高级化皆存在较强推动作用，运输与仓储服务、金融服务的投入有助于地区产业结构合理化，但对产业结构高级化的影响并不显著，商务服务投入不利于中国地区层面产业结构升级。

第二节　政策建议

制造业服务化通过将服务要素广泛地渗透至制造业各生产环节，不仅促进了生产高效运转，提高了制造业增值能力，并且对高端人力资本积累、技术进步、消费需求等方面都有重要影响。而且人力资本积累、技术创新、服务消费需求有助于产业协调发展，提升资源利用率，促进主导产业由低级向高级转变。可见，把握制造业服务化发展趋势对产业结构升级具有至关重要的影响。因而，在加快第三产业发展，强化核心产业建设，加强产业融合平台搭建以促进制造业服务化发展的同时，应着力打通制造业服务化生产模式影响产业结构升级的渠道。基于此，本书提出以下几点政策建议。

一、加快发展现代生产性服务业，推动制造与服务深度融合

在服务经济繁荣发展的背景下，服务业早已不是简单的消费娱乐型产业，依托信息技术、现代管理理念、组织经营模式建立起来的现代生产性服务业，具有高技术密集度、高人力资本含量、高附加值等典型特征，是提高产业现代化水平的重要力量。在制造业生产过程中加入现代生产性服务是制造业服务化生产模式的核心内容。服务投入不仅在微观层面影响企业技术创新、服务产品需求、价值链参与、人力资本积累和生产率，还在宏观层面有助于制造与服务实现共生融合、协调发展，推动产业结构转型升级。

制造业服务化模式深化发展的前提是，现代生产性服务业得到充分发展。因此，为促进制造业服务化深入发展，充分发挥服务化生产模式引导产业结构升级的作用，应加快发展现代生产性服务业，推动制造与服务深度融合。对此，本书认为后发国家应该遵循的两条基本原则为：

其一，以市场需求为导向。尽管生产性服务业融合对工农业现代化发展至关重要，但对于大多数工业化国家而言，现代生产性服务业发展历程较短，可参考经验不足，总体上处于试水阶段，因而发展现代生产性服务应强化市场在资源配置中的决定性作用，鼓励各种类型的企业以市场需求为导向，充分发挥企业在现代生产性服务业发展中的主体地位，切忌违背市场需求盲目扩张。

其二，加强政府的引导作用。在主要工业化国家，传统重工业、轻服务的发展观念依旧流行，导致服务业发展面临较大阻力。需要政府

加强顶层设计，厘清发展思路，为现代生产性服务业发展营造良好的环境。除了加强交通、网络、信息等基础设施建设，为生产性服务发展提供支持，还应在行业标准建立、知识产权建设、市场准入条件、项目扶持等方面进行引导，进一步规范现代服务业发展。

二、强化高端人力资本供给能力，支撑产业结构转型升级

要素供给能力是产业结构升级的基础。资源环境压力持续增大，劳动力成本不断上升，导致依靠自然资源大量消耗、廉价劳动力驱动的传统增长模式不可持续，以高端人力资本、知识、技术、现代生产性服务业等高级要素替代资源要素是实现经济提质增效的重要方向和思路。本书分析发现，作为知识技术最重要的载体，高端人力资本是制造业服务化模式推动产业结构升级的因素之一。高端人力资本具有稀缺的生产配置能力、技术创新和技术吸收能力，其扩张有助于提高生产的知识技术密集度，促进新兴产业形成和旧产业技术改造，因此强化高端人力资本供给能力对产业结构升级意义重大。

对于后发国家而言，劳动力资源相对丰富，但人力资本普遍存在结构性短缺，表现为高端人力资本供给能力比较有限，成为高端制造、职能制造、服务化制造等先进生产模式快速推进的短板。面对高端人力资本供给能力不足的困境，解决途径是本土培养与国外引进双管齐下，一方面，围绕宏观发展目标和产业调整需要，规范人才引进政策，完善配套设施，加强海外高层次人才引进计划实施力度，通过外部智力引进，在较短时间内帮助新兴国家摆脱技术封锁，突破技术瓶颈。另一方面，加强本土人才培养，关键在于创新人才培养体制机制，完善人才选拔机制、保障机制、激励机制，与此同时，统筹本土教育资源，尤其要合理配置高端教育资源，加强职业教育和培训式教育，以丰富人才培养层次，提高人才培养质量。

三、坚持自主创新和技术引进相结合，助力产业结构优化

在国际竞争愈发激烈的态势下，发达国家纷纷强化创新战略部署，新兴国家也大力实施创新驱动发展战略，本书分析发现技术创新对产业结构优化不仅有直接推动力，而且是制造业服务化生产模式影响产业结构升级的重要因素之一。要充分激发制造业服务化的产业结构升级效应，需加快技术研发、成果孵化和创新成果应用能力。随着全球市场开放度逐年提高，后发国家获得了有效利用两种资源、两个市场的机遇，特别是在工业化进程初期，通过外部技术引进，充分发挥本国的比较优势，发展中国家在短期内培育出了一批新兴支柱性产业，实现了产业结构优化。而后科技全球化发展进一步提升了跨国技术转移与技术引进强度，后发国家得以迅速增强技术能力。但是，仅凭借技术转移和引进难以获得长久发展，一方面，先发国家一般只转移非前沿技术，对关键核心技术则是牢牢掌控，后发国家越接近全球科技前沿就面临着越严密的技术封锁，越不可能通过技术引进来获得技术突破。另一方面，即使通过以资源换技术、以市场换技术、以资金买技术等途径获得技术转移，成为发达国家的技术附庸也难以掌握竞争与发展主动权。只有通过自主创新，才能实现对核心技术的自主可控，才能把经济发展与产业升级的主动权掌握在自己手中。

当然，坚持自主创新并不意味着放弃技术引进，而是强调自主创新与技术引进相结合，先通过技术引进形成大规模制造能力，获得培育新产业所需要的配套能力。如此不仅可以降低自主研发成本，而且一旦在核心技术上取得突破就有现成产业链作为支撑，实现技术成果产业化和市场化，提高自主研发动力，形成良性循环。对于中国、印度、巴西、墨西哥等长期占据价值链低端加工生产环节的发展中国家而言，产业结构升级面临的一项重要挑战便是自主创新动力不足、基础不牢。对此，政府应强化核心领域科技创新政策的支持力度，保证政策红利能够持续

释放；社会各级部门应大力实施政府制定的创新驱动政策措施，加强知识产权保护力度，全面营造保障创新的制度环境，大范围培育自主创新意识；各类企业应自觉拥护国家自主创新宏观发展战略，加大研发投入，鼓励技术创新。只有自上而下地发挥政府、各级部门和各类企业的引导作用，才能为提升本国自主创新能力铺平道路。

四、建立以市场需求为导向的产品供给机制，促进产业结构升级

当前全球市场需求结构已经出现了明显的服务化转变趋势，需求结构持续升级要求供给侧迅速进行适应性调整。然而，目前来看，供给侧调整明显滞后于需求结构升级的步伐，造成有效供给和中高端供给能力不足。建立适应需求变动的产品供给机制，提升有效供给能力，从微观上看有助于企业更好地满足市场需求，促进产品质量升级；从宏观上看，供给侧有效满足并创造需求能够去库存、去产能，提高资源配置效率，激发要素潜力，实现产业结构调整优化。

越来越多的制造业制定服务化发展战略，通过加大服务投入，增加服务产出，实现制造业在生产端或供给端的重大变革。这种生产模式变革不仅有助于提高制造业适应市场需求的能力，而且通过与需求相适应的产品供给机制，刺激以生产性服务业为代表的现代服务业发展与壮大，进而有助于产业结构转型、优化和升级。建立以需求为导向的产品供给机制，一方面，要求企业深度挖掘市场需求，积极建立市场信息反馈机制，依靠信息技术、互联网技术及时掌握市场需求的变动方向。在此基础上，保持创新活力，积极开发新产品，推动产品质量升级，依靠科技创新更大程度地满足市场需求，扩大有效供给。另一方面，要求生产端实现从单一化向多元化，由标准化到差异化、简单化到智能化的方向转变，着力深化细化产品市场，由产品质量与结构优化推动产业结构升级。

第三节 对中国的启示

发达国家在高端制造市场的重重打压与阻挠，其他发展中国家在中低端制造市场的激烈竞争与谋划，导致中国制造业面临“双向挤压”的局面，以服务化引领高端化成为我国实现制造强国发展目标的必由之路。根据研究结论，本书提出以下几个观点。

第一，将制造业服务化作为供给侧结构性改革的重点，加快战略设计，推进服务化发展进程。在全球新一轮科技革命和产业变革孕育兴起时，中国政府积极推出供给侧改革发展战略，出发点就是通过优化投资结构、产权结构、产业结构等提高供给质量。中国是名副其实的制造业大国，但距离成为制造业强国的发展目标还有较长的路要走。“十二五”规划中强调“促进生产性服务业与先进制造业融合”，然而本书研究发现，相比其他国家，当前中国制造业服务化发展水平还有很大提升空间。中国要深化供给侧结构性改革，把着力点放在实体经济上，提高供给体系质量。因此，为加快制造业服务化的发展进程，除了从国家层面明确供给侧改革的大方向和主要任务，还应针对不同地区产业发展中存在的具体问题，找准地方供给侧改革与制造业服务化调整的切入点，研究出台详细指导意见，制定针对性、可操作性改革方案，合理引导市场预期；与此同时，加强新兴核心产业政策支持力度，保证政策红利持续释放，以引导先进制造业与高技术服务业发展；加大信息产业、科技产业扶持力度，为制造与服务深度融合提供技术支持；加强先进生产性服务业市场准入、标准制定、知识产权保护等方面的引导与监管。

第二，加大科技创新力度，为制造业服务化发展提供动力。科技创新是现代服务业与先进制造业深度融合、协同发展的重要基础，也是加速产业变革，构筑国家竞争优势的强大动力。为推进制造业服务化发展进程应继续加大科技创新力度，尽快在新能源、新材料、云计算、大数据、物流网、3D打印等领域取得技术突破；重点发展研发设计、技术孵化、技术转移、知识产权、科技金融、科技咨询等现代科技服务业，支撑现代服务业规模扩张与质态提升；加快提升信息技术、信息系统、互联网、电子商务等信息科技产业对其他产业的渗透力，充分发挥科技创新在培育发展战略性新兴产业，促进产业形态变革与经济提质增效中的重要作用。

第三，加强人才队伍建设，为制造业服务化转型提供支撑。高素质专业型人才是现代服务业保持创新活力、服务实体经济的关键所在。为推进制造业服务化发展需建立健全人才队伍建设的各项体制机制，从管理体制、工作机制和组织领导等方面提出改革措施，搞好人才队伍建设的顶层设计与规划。针对不同行业、不同领域实施高层次专门人才分类管理政策，制定创新型人才选拔、培养、引进政策，设立人才队伍建设专项资金，建立产学研相结合的人才培养培训机制；加大服务从业人员培训力度，促进专业化第三方服务机构发展，保证专业化服务人员供给，搭建服务人才供需对接平台，尽快提升人才队伍整体素质与专业技术能力，为制造业服务化持续发展夯实基础。

参考文献

[1] 迈克尔·波特. 国家竞争优势［M］. 李明轩，邱如美，译. 北京：华夏出版社，2002.

[2] 北京大学中国经济研究中心课题组. 中国出口贸易中的垂直专门化与中美贸易［J］. 世界经济，2006（3）.

[3] 蔡昉，王德文，曲玥. 中国产业升级的大国雁阵模型分析［J］. 经济研究，2009（9）.

[4] 蔡伟毅，陈学识. 国际知识溢出与中国技术进步［J］. 数量经济技术经济研究，2010（6）.

[5] 蔡海亚，徐盈之. 贸易开放是否影响了中国产业结构升级［J］. 数量经济技术经济研究，2017（10）.

[6] 陈仲常. 产业经济理论与实证分析［M］. 重庆：重庆大学出版社，2005.

[7] 陈启斐，刘志彪. 生产性服务进口对我国制造业技术进步的实证分析［J］. 数量经济技术经济研究，2014（3）.

[8] 陈雯，苗双有. 中间品贸易自由化与中国制造业企业生产技术选择［J］. 经济研究，2016（8）.

[9] 邓向荣，曹红. 产业升级路径选择：遵循抑或偏离比较优势——基于产品空间结构的实证分析［J］. 中国工业经济，2016（2）.

[10] 代谦，别朝霞. 人力资本、动态比较优势与发展中国家产业结构升级［J］. 世界经济，2006（11）.

[11] 方慧，吕静，段国蕊. 中国承接服务业国家转移产业结构升级效应的实证研究［J］. 世界经济研究，2012（6）.

[12] 付凌晖. 我国产业结构高级化与经济增长关系的实证研究 [J]. 统计研究, 2010 (8).
[13] 樊秀峰, 韩亚峰. 生产性服务贸易对制造业生产效率影响的实证研究 [J]. 国际经贸探索, 2013 (5).
[14] 格鲁伯, 沃克. 服务业的增长原因与影响 [M]. 陈彪如, 译. 上海: 上海三联书店, 1993.
[15] 干春晖, 郑若谷, 余典范. 中国产业结构变迁对经济增长和波动的影响 [J]. 经济研究, 2011 (5).
[16] 顾乃华, 夏杰长. 对外贸易与制造业投入服务化的经济效应——基于2007年投入产出表的实证研究 [J]. 社会科学研究, 2010(5).
[17] 高燕. 产业升级的测定及制约因素分析 [J]. 统计研究, 2006 (4).
[18] 高远东, 张卫国, 阳琴. 中国产业结构高级化的影响因素研究 [J]. 经济地理, 2015 (6).
[19] 郭杰. 我国政府支出对产业结构影响的实证分析 [J]. 经济社会体制比较, 2004 (3).
[20] 黄先海, 石东楠. 对外贸易对我国全要素生产率影响的测度与分析 [J]. 世界经济研究, 2005 (1).
[21] 简泽, 张涛, 伏玉林. 进口自由化、竞争与本土企业的全要素生产率——基于中国加入WTO的一个自然实验 [J]. 经济研究, 2014 (8).
[22] 姜泽华, 白艳. 产业结构升级的内涵与影响因素分析 [J]. 当代经济研究, 2006 (10).
[23] 靖学青. 上海产业升级测度及评析 [J]. 上海经济研究, 2008 (6).
[24] 焦继文, 李冻菊. 再论产业结构合理化的评判标准 [J]. 经济经纬, 2004 (4).
[25] 江静, 刘志彪, 于明超. 生产者服务业发展与制造业效率提升: 基于地区和行业面板数据的经验分析 [J]. 世界经济, 2007 (8).
[26] 江小涓. 服务全球化与服务外包 [M]. 北京: 人民出版社, 2008.
[27] 李培育. 落后地区产业升级战略中的需求分析 [J]. 管理世界, 2003 (7).
[28] 李京文, 郑友敬. 技术进步与产业结构选择 [M]. 北京: 经济科学出版社, 1989.
[29] 李江帆. 中国第三产业发展研究 [M]. 北京: 人民出版社, 2005.

[30] 李洪亚．产业结构变迁与中国 OFDI: 2003—2014 [J]．数量经济技术经济研究，2016 (10).
[31] 李江帆，曾国军．中国第三产业内部结构升级趋势分析 [J]．中国工业经济，2003 (3).
[32] 李春景，杜祖基，曾国屏．知识密集型服务业与香港产业结构高级化问题 [J]．科学学研究，2006 (5).
[33] 李逢春．对外直接投资的母国产业升级效应——来自中国省际面板的实证研究 [J]．国际贸易问题，2012 (6).
[34] 李东坤，邓敏．中国省际 OFDI、空间溢出与产业结构升级——基于空间面板杜宾模型的实证分析 [J]．国际贸易，2016 (1).
[35] 林毅夫．新结构经济学——重构发展经济学的框架 [J]．经济学 (季刊)，2011 (1).
[36] 林毅夫．优化产业结构要依据比较优势 [J]．经济研究参考，1999 (15).
[37] 刘志彪．全球化背景下中国制造业升级的路径与品牌战略 [J]．财经问题研究，2005 (5).
[38] 刘志彪．产业升级的发展效应及其动因分析 [J]．南京师大学报 (社会科学版)，2000 (2).
[39] 刘志彪，张杰．从融入全球价值链到构建国家价值链：中国产业升级的战略思考 [J]．学术月刊，2009 (9).
[40] 刘志彪．以城市化推动产业转型升级——兼论“土地财政”在转型时期的历史作用 [J]．学术月刊，2010 (10).
[41] 刘伟，张辉，黄泽华．中国产业结构高度与工业化进程和地区差异的考察 [J]．经济学动态，2008 (11).
[42] 刘伟．工业化进程与产业结构研究 [M]．北京：中国人民大学出版社，1995.
[43] 刘继国，李江帆．国外制造业服务化问题研究综述 [J]．经济学家，2007 (3).
[44] 刘继国，赵一婷．制造业中间投入服务化趋势分析——基于 OECD 中 9 个国家的宏观实证 [J]．经济与管理，2006 (9).
[45] 刘斌，魏倩，吕越，等．制造业服务化与价值链升级 [J]．经济研究，2016 (3).
[46] 刘明宇，芮明杰，姚凯．生产性服务价值链嵌入与制造业升级的协同演进关

系研究［J］. 中国工业经济，2010（8）.
［47］刘生龙，胡鞍钢. 基础设施的外部性在中国的检验：1988—2007［J］. 经济研究，2010（3）.
［48］蓝庆新，陈超凡. 新型城镇化推动产业结构升级了吗——基于中国省级面板数据的空间计量研究［J］. 财经研究，2013（12）.
［49］罗长远，张军. 经济发展中的劳动收入占比：基于中国产业数据的实证研究［J］. 中国社会科学，2009（4）.
［50］毛其淋，许家云. 中间品贸易自由化、制度环境与生产率演化［J］. 世界经济，2015（9）.
［51］雅各布·明塞尔. 人力资本研究［M］. 张凤林，译. 北京：中国经济出版社，2001.
［52］马颖，李静，余官胜. 贸易开放度、经济增长与劳动密集型产业结构调整［J］. 国际贸易问题，2012（9）.
［53］毛军，刘建民. 财税政策下的产业结构升级非线性效应研究［J］. 产业经济研究，2014（6）.
［54］潘悦. 在全球化产业链条中加速升级换代——我国加工贸易的产业升级状况分析［J］. 中国工业经济，2002（6）.
［55］潘冬青，尹忠明. 对开放条件下产业升级内涵的再认识［J］. 管理世界，2013（5）.
［56］潘素昆，袁然. 不同投资动机 OFDI 促进产业升级的理论与实证研究 [J] 经济学家，2014（9）.
［57］彭冲，李春风，李玉双. 产业结构变迁对经济波动的动态影响研究［J］. 产业经济研究，2013（3）.
［58］邱爱莲，崔日明，徐晓龙. 生产者服务贸易对中国制造业全要素生产率提升的影响：机理及实证研究——基于价值链规模经济效应角度［J］. 国际贸易问题，2014（6）.
［59］冉茂盛，毛战宾. 人力资本对经济增长的作用机理分析［J］. 重庆大学学报（社会科学版），2008（1）.
［60］苏杭，郑磊，牟逸飞. 要素禀赋与中国制造业产业升级——基于 WIOD 和中国工业企业数据库的分析［J］. 管理世界，2017（4）.
［61］唐志芳，顾乃华. 制造业服务化、全球价值链分工与劳动收入占比——基于

WIOD 数据的经验研究 [J]. 产业经济研究，2018（1）.
[62] 王俊. 跨国外包体系中的技术溢出与承接国技术创新 [J]. 中国社会科学，2013（9）.
[63] 王述英. 论产业结构优化和政府政策选择 [J]. 南开经济研究，1996（2）.
[64] 王立国，赵婉妤. 我国金融发展与产业结构升级研究 [J]. 财经问题研究，2015（1）.
[65] 王林生，梅洪常. 产业结构合理化评价体系研究 [J]. 工业技术经济，2011（4）.
[66] 吴敬琏. 中国增长模式抉择 [M]. 上海：上海远东出版社，2008.
[67] 吴崇伯. 论东盟国家的产业升级 [J]. 亚太经济，1988（1）.
[68] 吴福象，沈浩平. 新型城镇化、基础设施空间溢出与地区产业结构升级——基于长三角城市群 16 个核心城市的分析 [J]. 财经科学，2013（7）.
[69] 巫强，刘志彪. 进口国质量管制条件下的出口国企业创新与产业升级 [J]. 管理世界，2007（2）.
[70] 汪琦. 对外直接投资对投资国的产业结构调整效应及其传导机制 [J]. 国际贸易问题，2004（5）.
[71] 徐振鑫，莫长炜，陈其林. 制造业服务化：我国制造业升级的一个现实性选择 [J]. 经济学家，2016（9）.
[72] 徐德云. 产业结构升级形态决定、测度的一个理论解释及验证 [J]. 财政研究，2008（1）.
[73] 徐敏，姜勇. 中国产业结构升级能缩小城乡消费差距吗 [J]. 数量经济技术经济研究，2015（3）.
[74] 徐毅，张二震. 外包与生产率：基于工业行业数据的经验研究 [J]. 经济研究，2009（1）.
[75] 姚战琪. 工业和服务外包对中国工业生产率的影响 [J]. 经济研究，2010（7）.
[76] 叶明确，方莹. 中国资本存量的度量、空间演化及贡献度分析 [J]. 数量经济技术经济研究，2012（11）.
[77] 周林，杨云龙，刘伟. 用产业政策推进发展与改革——关于设计现阶段我国产业政策的研究报告 [J]. 经济研究，1987（3）.
[78] 周振华. 现代经济增长中的结构效应 [M]. 上海：上海人民出版社，2014.

[79] 周昌林，魏建良．产业结构水平测度模型与实证分析——以上海、深圳、宁波为例［J］．上海经济研究，2007（4）．
[80] 周茂，陆毅，符大海．贸易自由化与中国产业升级：事实与机制［J］．世界经济，2016（10）．
[81] 周念利．中国服务业改革对制造业微观生产效率的影响测度及异质性考察——基于服务中间投入的视角［J］．金融研究，2014（9）．
[82] 朱卫平，陈林．产业升级的内涵与模式研究——以广东产业升级为例［J］．经济学家，2011（2）．
[83] 邹一南．产业结构升级的就业效应分析［J］．上海经济研究，2012（12）．
[84] 张其仔．比较优势的演化与中国产业升级路径的选择［J］．中国工业经济，2008（9）．
[85] 张耀辉．产业创新：新经济下的产业升级模式［J］．数量经济技术经济研究，2002（1）．
[86] 张杰，张少军，刘志彪．多维技术溢出效应、本土企业创新动力与产业升级的路径选择［J］．南开经济研究，2007（3）．
[87] 张少军，刘志彪．国际贸易与内资企业的产业升级——来自全球价值链的组织和治理力量［J］．财贸经济，2013（2）．
[88] 张艳，唐宜红，周默涵．服务贸易自由化是否提高了制造业企业生产效率［J］．世界经济，2013（11）．
[89] 张如庆．生产者服务业FDI促进制成品出口的技术结构升级分析［J］．国际经贸探索，2012（12）．
[90] 张军，吴桂英，张吉鹏．中国省际物质资本存量估计：1952—2000［J］．经济研究，2004（10）．
[91] 张浩然，衣保中．基础设施、空间溢出与区域全要素生产率——基于中国266个城市空间面板杜宾模型的经验研究［J］．经济学家，2012（2）．
[92] 张向阳，朱有为．基于全球价值链视角的产业升级研究［J］．外国经济与管理，2005（5）．
[93] 赵云鹏，叶娇．对外直接投资对中国产业结构影响研究［J］．数量经济技术经济研究，2018（3）．
[94] 郑有国，魏禄绘．中国城市化曲折进程原因探析［J］．亚太经济，2013（1）．
[95] 郑吉昌，夏晴．服务业发展与产业集群竞争优势——以浙江产业集群发展为例

[J]. 财贸经济，2005（7）.

[96] 曾芬钰. 城市化与产业结构优化 [J]. 当代经济研究，2002（9）.

[97] Amiti M, Konings J.Trade Liberalization, Intermediate Inputs, and Productivity: Evidence from Indonesia [J]. American Economic Review, 2007（5）.

[98] Amiti M, Wei S J. Service Offshoring and Productivity: Evidence from the US [J]. World Economy, 2009, 32（2）.

[99] Arnold J M, Javorcik B, Mattoo A.The Productivity Effects of Services Liberalization: Evidence from the Czech Republic [J]. Journal of International Economics, 2011（1）.

[100] Arnold J M, Mattoo A, Narciso G.Services Input and Firm Productivity in Sub-saharan Africa: Evidence from Firm-level Date [J]. Journal of African Economics, 2008（4）.

[101] Alam T, Waheed M. Sectoral Effects of Monetary Policy: Evidence from Pakistan [J]. Pakistan Development Review, 2006（4）.

[102] Agrawal V V, Ferguson M, Toktay L B, et al. Is leasing Greener Than Selling [J]. Management Science, 2012（3）.

[103] Azadegan A, Wagner S M. Industrial Upgrading, Exploitative Innovations and Explorative Innovations [J]. International Journal of Production Economics, 2011（1）.

[104] Baines T S, Lightfoot H W, Benedettini O, et al. The Servitization of Manufacturing: A Review of Literature and Reflection on Future Challenges [J]. Journal of Manufacturing Technology Management, 2009（5）.

[105] Baines T, Lightfoot H W. Servitization of the Manufacturing Firm: Exploring the Operations Practices and Technologies that Deliver Advanced Services [J]. International of Operations & Production Manag, 2013（1）.

[106] Balassa B.Trade Liberalisation and Revealed Comparative Advantage1 [J]. The Manchester School, 1965（2）.

[107] Baldwin R, Robert-nicoud F.Trade-in-goods and Trade-in-tasks: An Inte-grating Framework [J]. Journal of International Economics，2014, 92（1）.

[108] Barquet A P B, Fe Oliveira M G D, Amigo C R, et al.Employing the Business Model Concept to Support the Adoption of Product-service Systems（PSS）[J].

Industrial Marketing Management, 2013（5）.

[109] Biege S, Lay G, Buschak D.Mapping Service Processes in Manufacturing Companies: Industrial Service Blueprinting [J]. International Journal of Operations and Production Management, 2012（8）.

[110] Brax S, Jonsson K.Developing Integrated Solutions Offerings for Remote Diagnostics [J]. International Journal of Operations & Production Management, 2009（5）.

[111] Bronzini R, Piselli P. Determinants of Long-run Regional Productivity with Geographical Spillovers: The Role of R&D, Human Capital and Public Infrastructure [J]. Regional Science & Urban Economics, 2009（2）.

[112] Brouillat E.Recycling and Extending Product-life: An Evolutionary Modelling [J]. Journal of Evolutionary Economics, 2009（19）.

[113] Benedettini O, Swink M, and Neely A. Examining the Influence of Service Additions on Manufacturing Firms' Bankruptcy Likelihood [J]. Industrial Marketing Management, 2017（1）.

[114] Cook M B, Bhamra T A, Lemon M. The Transfer and Application of Product Service Systems: From Academia to UK Manufacturing Firms [J]. Journal of Cleaner Production, 2006（14）.

[115] Coe D T, Helpman E, Hoffmaister A W. International R&D Spillovers and Institutions [J]. European Economic Review, 2008（7）.

[116] Crino R.Imported Inputs and Skill Upgrading [J]. Labour Economics, 2012（6）.

[117] Datta P, Roy R. Operations Strategy for the Effective Delivery of Integrated Industrial Product-service Offerings: Two Exploratory Defence Industry Case Studies [J]. International Journal of Operations and Production Management, 2011（5）.

[118] De Joeng J, Vermeulen P. Organising New Successful Service Development [J]. Management Decision, 2003（9）.

[119] Ernst D, Kim L.Global Production Networks, Information Technology and Knowledge Diffusion [J]. Industry & Innovation, 2002（3）.

[120] Edvardsson B, Holmlund M, Strandvik T.Initiation of Business Relationships in

Service-dominant Settings [J]. Industrial Marketing Management, 2008 (3).

[121] Fang E, Palmatier R W, et al. Effect of Service Transition Strategies on Firm Value [J]. Journal of Marketing, 2008 (5).

[122] Fernandes A M, Paunov C.Foreign Direct Investment in Services and Manufacturing Productivity: Evidence for Chile [J]. Journal of Development Economics, 2012 (2).

[123] Gebauer H, Fleisch E, Friedli T.Overcoming the Service Paradox in Manufacturing Companies [J]. European Management Journal, 2005 (1).

[124] Gebauer H, Fleisch E. An Investigation of the Relationship Between Behavioral Processes, Motivation, Investments in the Service Business and Service Revenue [J]. Industrial Marketing Management, 2007 (3).

[125] Gebauer H, Kremple R, Fleisch E, et al.Innovation of Product-related Services [J]. Managing Service Quality, 2008 (4).

[126] Gebauer H, Ren G, Valtakoski A, et al.Service-driven Manufacturing: Provision, Evolution and Financial Impact of Services in Industrial Firms [J]. Journal of Service Management, 2012 (1).

[127] Galbraith J.Organising to Deliver Solutions [J]. Organizational Dynamics, 2002 (2).

[128] Glasmeier A, Howl M.Service-led Rural Development: Definitions Theories and Empirical Evidence [J]. International Regional Science Review, 1993 (1/2).

[129] Gereffi G.A Eommodity Chains Framework for Analyzing Local Industries [J]. Duke University Working Paper, 1999 (12).

[130] Gereffi G, Humphrey J.The Governance of Global Value Chains [J]. Review of International Political Economy, 2005 (1).

[131] Hobday M, Brady T, Davies A.Charting a Path Towards Integrated Solutions [J]. MIT Sloan Management Review, 2006 (3).

[132] Hidalgo C A, Klinger B, Barabási A L, et al.The Product Space and Its Consequences for Economic Growth [J]. Science, 2007 (5).

[133] Humphrey J, Schmitz H.How does Insertion in Global Value Chains Affect Upgrading in Industrial Clusters [J]. Regional Studies, 2002 (9).

[134] Johansson P, Olhager J.Industrial Service Profiling: Matching Service Offerings

and Processes [J]. International Journal of Production Economics, 2004 (3).

[135] Johnson R C, NogueraG.Accounting for Intermediates: Production Sharing and Trade in Value Added [J]. Journal of International Economics 2012 (2).

[136] Kohtamäk M, Partanen J, Parida V, et al.Non-linear Relationship Between Industrial Service Offering and Sales: The Moderating Role of Network Capabilities [J]. Industrial Marketing Management, 2013 (8).

[137] Koopman R, Wang Z, Wei S J.Tracing Value Added and Double Counting in Gross Exports [J]. American Economic Review, 2014 (2).

[138] Lu Y, Yu L.Trade Liberalization and Markup Dispersion: Evidence from China's WTO Accession [J]. American Economic Journal Applied Economics, 2015 (4).

[139] Melitz M J.The Impact of Trade on Intra-industry Reallocations and Aggregote Industry Productivity [J]. Econometrica, 2003 (6).

[140] Mathieu V.Service Strategies Within the Manufacturing Sector: Benefits, Costs and Partnership [J]. International Journal of Service Industry Management, 2001 (5).

[141] Morelli N.The Design of Product/Service Systems from a Designer's Perspective [M]. Commom Ground. London: Staffordshire University Press, 2002.

[142] Mont O.Product-service Systems: Panacea or Myth [M]. Sweden: Lund University, 2004.

[143] Martinez V, Bastl M, Kingston J, et al.Challenges in Trans-forming Manufacturing Organisations into Product-service Providers [J]. Journal of Manufacturing Technology Management, 2011 (4).

[144] Mascitelli R.From Experience: Harnessing Tacit Knowledge to Achieve Breakthrough Innovation [J]. Journal of Product Inonovation Management, 2000 (3).

[145] Michaels G, Rauch F, Redding S J.Urbanization and Structural Transformation [J]. The Quarterly Journal of Economics, 2012 (2).

[146] Neely A, Benedetinni O, Visnjic I.The Servitization of Manufacturing: Further Evidence [M]. Cambridge: Proceeding of the European Operations Management Association Conference, 2011.

[147] Neu W A.Forming Successful Business-to-business Services in Goods-dominant Firms [J]. Journal of Service Research, 2005 (3).

[148] Nudurupati S S, Lascelles D, Wright G, et al.Eight Challenges of Servitisation for the Configuration, Measurement and Management of Organisations [J]. Journal of Service Theory and Practice, 2016 (6).

[149] Oliva R, Kallenberg R.Managing the Transition from Products to Services [J]. International Journal of Service Industry Management, 2003 (2).

[150] Porter M, Ketels C.UK Competitiveness: Moving to the Next Stage [M]. London: Department of Trade and Industry, 2003.

[151] Reiskin E D, White A L, Kauffman J J, et al. Servicizing the Chemical Supply Chain [J]. Journal of Industrial Ecology, 2000 (2-3).

[152] Robinson T, Clarkehill C M, Clarkson R.Differentiation Through Service: A Perspective from the Commodity Chemicals Sector [J]. Service Industries Journal, 2002 (3).

[153] Shimomura K I, Thisse J F. Competition Among the Big and the Small [J]. Rand Journal of Economics, 2012 (2).

[154] Subramanian A, Kessler M.The Hyperglobalization of Trade and Its Future [J]. Social Science Electronic Publishing, 2013 (2).

[155] Spring M, Araujo L.Service and Products: Rethinking Operations Strategy [J]. Journal of Operations and Production Management, 2009 (5).

[156] Slack N.Patterns of Servitization: Beyond Products and Services [M]. Cambridge: Institute for Manufacturing, 2005.

[157] Shepherd C, Ahmed P.From Product Innovation to Solutions Innovation: A New Paradigm for Competitive Advantage [J]. European Journal of Innovation Management, 2000 (2).

[158] Tukker A.Eight Types of Product Service System: Eight Ways to Sustainability? Experiences from Suspronet [J]. Business Strategy & The Environment, 2004 (4).

[159] Vandermerwe S, Rada J.Servitization of Business: Adding Value by Adding Services [J]. European Management Journal, 1988 (4).

[160] Visnjic I, Looy B V.Manufacturing Firms Diversifying into Services: A

Conceptual and Empirical Assessment [M]. Orlando: Proceedings of the 20th Poms Conference, 2009.

[161] Wise R, Baumgartner P.Go Downstream: The New Profit Imperative in Manufacturing [J]. Harvard Business Review, 1999 (1) .

[162] White A L, Stoughton M, Feng L.Servicising: The Quiet Transition to Extended Producer Responsibility [M]. Boston: Tellus Institute, 1999.

[163] Windahl C, Lakemond N.Integrated Solutions from a Service-centered Perspective: Applicability and Limitations in the Capital Goods Industry [J]. Industrial Marketing Management, 2010 (8) .

[164] Winkler D.Services Offshoring and its Impact on Productivity and Employment: Evidence from Germany 1995—2006 [J]. World Economy, 2010 (12) .